인테리어 비 전공자도 쉽게 따라할 수 있는 방법

SECRET

한샘 1억 RD 영업비밀노트

이효영 지음

REHOUSE
DESIGNER

어스뷰 타임즈

CONTENTS

01 한샘 RD란 무엇인가

- RD란 무엇인가 ·· 10
- 한샘에서 RD가 해야 하는 일 ···················· 17
- RD의 역량 ·· 21

02 억대 매출을 위해 꼭 알아야 할 것들

- 성공한 사람들의 영업전략 분석 ················ 26
- 성공한 사람들은 책을 많이 읽는다 ············ 31
- 사람의 마음을 얻는 법은 따로 있다 ·········· 34
- 업계 정보와 뉴스는 수시로 체크한다 ········ 38

03 현장을 잘 아는 RD가 답이다

- 현장을 모르면 자주 가라 ························· 42
- 실측 잘하는 법 ······································· 46
- 공정표 짜는 법 ······································· 49
- 각 공정별 알아 두어야 할 사항 ················ 53
- 현장에서 문제가 생겼을 때 대응방법 ········ 74

인테리어 비 전공자도 쉽게 따라할 수 있는 방법
한샘 1억 RD 영업비밀노트

04
잘하는 RD들의 영업 비법 노트 6가지

첫 만남의 어필 : 3초간의 자신감 있는 웃는 눈빛 전달 ·· 79
특별한 자기 소개 멘트
: 여러 RD들 중 내가 특별한 이유 ················· 82
가장 멋진 인테리어 디자인 제안 ···················· 85
고객만족으로 이어지는 작업지시서 작성 노하우 ······ 97
더블 바인드 기법
: 계약 성공율을 높이는 가장 기본적인 방법 ········ 104
현장 마감의 중요성 : RD의 업무 중 가장 중요한 일·· 108

05
멘탈 관리하는 사람이 승자

아침 7시에 걸려오는 전화를 즐겁게 받기 ·········· 114
왜 멘탈이 나가는가 ···························· 117
갑자기 의욕이 상실되었을 때 ···················· 120
멘탈관리에 도움되는 스케줄링 방법 ··············· 126
내가 이 일을 하는 이유 : 목표설정 ················ 128

저자 소개

이효영

건국대학원에서 마케팅을 전공하며 끊임없이 사람들의 마음을 끌어당기고 설득하는 방법을 탐구해 왔습니다. 세 번 이상의 개인 집 아파트 인테리어를 직접 진행하며, 실무 경험을 쌓았고, 인테리어 산업에 대한 깊은 이해를 가졌습니다. 서울에 위치한 인테리어 디자인 업체에서 실장으로 근무하며 고객의 삶을 변화시키는 인테리어에 대해서 큰 관심을 기울였습니다.

미용 기기 회사에서 해외 수출 업무를 담당하며 글로벌 비즈니스 감각을 키웠고 제약회사에서 화장품과 식품 개발 업무를 맡아 다양한 산업에 대한 깊은 이해를 쌓았습니다. 각 산업을 이해하고 자산을 증식하는 관점과 성공한 사람들의 영업전략과 노하우에 큰 관심을 가지고 있습니다.

저자 서문

'와 집이 모델하우스 같아요' 이렇게 말하는 고객님들의 말을 들을 때 정말 너무 뿌듯하고 기분이 좋았습니다. 한 달간의 고생이 정말 아무것도 아닌 것으로 여겨질 정도로 좋았습니다. 라는 이대훈 인테리어 디자이너의 말을 들었을 때 그래서 이 인테리어 일은 이런 마음 때문에 하는 것이구나 하는 생각이 들었습니다.

집을 고치는 건 사람의 마음을 고친다는 생각이 들 정도로 꽤 복잡한 일이고 집의 한 공사를 위해 여러 사람들과 협업하여 일을 해야 하는 전문적인 일입니다. 이 일을 성공적으로 이루어 냈을 땐 그 만족감이 정말 큰일입니다. 그렇지만 좋은 마음으로 시작했던 여러 인테리어 디자이너들이 중간에 여러 안 좋은 마음들을 느끼면서 그만두는 현실들이 안타까워 한샘 RD(Rehaus Designer) 인테리어 디자이너, 혹은 다른 회사에서 인테리어 디자이너를 꿈꾸는 사람들에게 이 분야에서 자리를 잘 잡아가고 있는 사람들의 노하우를 담아 성공 사례, 실패 사례를 함께 나누고자 합니다.

사람은 누군가에게 늘 인정을 받고 칭찬을 받고 싶어 합니다. 그러나 현실은 같은 나 자신인데도 누군가는 나를 좋아하고 누군가에게는 불만을 들을 수도 있습니다. 불만을 들었을 때, 내가 고칠 부분이면 과감히 고치면 되고, 인정이 안되는 부분은 그 사람과 내가 맞지 않음을 인정하는 게 좋습니다. 이 책을 쓰기로 시작하면서 수많은 성공했던 사례, 실패했던 사례들이 생각이 나네요. 이 부분들을 솔직하게 과감 없이 나누고 싶어 글을 쓰게 되었습니다.

이 책은 성공 스토리가 아닙니다. 아직 더 큰 목표를 위해 노력하는 중이고 인테리어 전공자가 아님에도 인테리어 디자이너를 꿈꾸시는 분, 한샘 RD로 입사 준비를 하고 계신 분, 한샘 RD를 하고 있는데 계약이 부진하고 잘 안되는 것 같을 때 한번 쉬어 가는 개념으로 부담 없이 읽으실 수 있도록 작성하였습니다.

한샘 RD는 업무에 대한 이해도와 마음만 있으면 연봉을 많이 높일 수 있는 직무입니다. 하지만 어떻게 잘 하는 것이 가장 중요하죠. 그 노하우가 중요하기에 그 점을 소개해 드리고자 합니다.

책의 내용은 실제 서울 용산 디자인파크, 고양 스타필드점에서 일을 잘하는 한샘 RD분들의 내용과 몇 개월간 베스트 RD, 지금은 경기도

SECRET NOTE OF REHAUS DESIGNER

수원에서 베스트 RD로 근무하고 있는 이대훈 RD와 하남 디자인파크 이지영 베스트 RD에게 자문을 구한 내용을 담아 신뢰성을 높였고, 꼭 한샘이 아니더라도 다른 영업직 군들에게서 공통적으로 들었던 성공의 방법, 영업의 방법, 일할 때의 마음가짐들을 함께 담았습니다. 부담 없는 마음으로 커피 한 잔 마시면서 읽어 주시면 좋겠습니다. 모두들 늘 오늘보다 내일이 더 나은 나 자신이 되시기를 소망합니다.

01

한샘 RD란 무엇인가

RD란 무엇인가

한샘의 RD는 Rehaus Designer의 약자입니다. 동종업계가 아니면 RD라는 말이 낯설게 느껴지실 겁니다. RD는 토탈 홈 인테리어 리모델링 전문가로서 한샘 주방, 욕실, 마루, 창호, 수납 등 리모델링 패키지를 가족 구성원의 취향과 개성에 맞춰 라이프 스타일에 따른 맞춤 공간을 제안하는 일을 하고 있습니다. 보통 일반적인 인테리어 디자이너의 업무를 하고 있습니다.

한샘 RD는 관련 실내 인테리어 디자인학과나 건축학과를 나오면 업무에 더 도움이 되기도 하지만 관련 학과 및 전공이 아니더라도 한샘에서의 교육을 통해 얼마든지 할 수 있습니다.

현재 한샘은 고객과의 전자계약 시스템을 시행하고 있습니다. 한샘 자재로 한샘 시공기사님이 시공하는 것들에 대해선 전자계약을 시행하고 있는데 이를 대행해 주는 사람이 RD이며, RD는 리하우스 대리점에 소속되어 있습니다. 월급과 성과를 챙겨주는 곳은 대리점인 거죠.

보통 RD가 하는 일은 고객 상담, 실측, 디자인 설계, 영업 & 고객 관리, 시공감리를 합니다.

고객상담

처음 고객과 상담하면서 고객이 원하는 니즈, 라이프 스타일에 맞추어 인테리어 디자인 컨셉을 정합니다. 고객을 만나는 방법은 대리점으로 문의나 방문을 오는 경우, 대리점 자체에서 한샘 디자인 파크에 입점하게 되면 디자인 파크에 순환 근무를 하면서 만나게 되고, 건축 박람회에 참석하게 되면 거기에서도 고객을 만나게 됩니다.

상담을 하는 이 단계에서는 고객의 요구 사항, 예산, 선호하는 스타일 등을 파악합니다. 고객이 원하는 공간의 분위기와 기능을 명확히 이해하는 것이 중요합니다. 이를 위해 고객과의 원활한 소통이 필요하며, 필요한 경우 참고할 수 있는 이미지나 자료를 요청하는 것도 좋습니다.

실측

고객상담이 잘 이루어지면 고객의 집에 방문하여 실측을 합니다. 실측은 집 사이즈를 재는 것도 있지만 집의 상태를 확인하여 꼭 고쳐야 하는 곳, 고치지 않아도 되는 곳들을 확인하여 그에 맞는 예산을 잡을 수 있게 됩니다. 같은 아파트, 같은 평형 수, 같은 타입이라 하더라도 집마다 1~5cm 정도의 오차가 있기에 실측은 필수 과정입니다.

보통 실측을 유도해야 계약 성공률이 높아지는데 실측까지 가기가 쉽지 않은 경우가 있습니다. 고객의 신뢰가 부족한 경우, 고객이 아직 인테리어 자체에 확신이 없는 경우 등이 있습니다.

게다가 실측을 하는 것에 대해 비용이 드는지 물어보시는 경우가 있습니다. 한샘 시공기사님들에게 실측을 요청하면 따로 실측비가 들지만 RD가 직접 가면 따로 고객님에게 돈을 받지 않습니다. 그러기에 초기에 고객님에게 부담감이 되지 않도록 먼저 어필하는 것이 중요합니다.

예를 들어 "고객님, 평당 금액을 묻는 방법은 정확한 예산을 받기가 어렵습니다. 고객님께서 평당 예산만 물어보시는 경우, 인테리어 업체에서 적게 부르고 나중에 높이는 경우가 다반사에요. 인테리어를 하게 되면 골라야 할 항목들이 천차만별이고 고객님이 원하시는 취향을 정확히 다 알지 않은 상태에서 정확한 예산을 내기가 어렵습니다. 그리고 집 현재 상태를 정확히 알아야 예산이 얼마나 들지도 나오기 때문에 나중에 업체에 비교 견적을 하실 거면 실측 먼저 받아 보시는 게 중요해요 한샘에선 실측에 대한 비용을 따로 받지 않습니다" 이런 식으로 말을 하는 게 중요합니다.

디자인 설계

인테리어 디자인 설계는 고객의 라이프 스타일과 취향을 반영하여 공간을 창조하는 과정입니다. 이 과정은 매우 중요하며, 고객의 요구를 정확히 이해하고 이를 설계에 반영하는 것이 핵심입니다.

실측 결과를 바탕으로 기본적인 레이아웃을 작성합니다. 이 단계에서는 공간의 기능적 분배와 동선 계획이 중요합니다. 각 공간의 용도와 사용자의 동선을 고려하여 효율적이고 실용적인 레이아웃을 설계합니다. 또한, 조명, 창문 위치, 가구 배치 등도 함께 고려합니다.

그리고 디자인 컨셉에 대해선 고객의 취향과 요구 사항을 반영하여 디자인 컨셉을 정합니다. 이는 공간의 전체적인 분위기와 스타일을 결정짓는 중요한 단계입니다. 예를 들어, 모던, 클래식, 스칸디나비

안 등 다양한 디자인 스타일 중에서 고객이 선호하는 스타일을 선택하고, 이를 기반으로 색상, 재료, 텍스처 등을 결정합니다.

처음 기본적인 컨셉이 결정되면 그다음은 상세 설계입니다. 기본 설계를 바탕으로 각 공간의 세부 사항을 구체화합니다. 이 단계에서는 가구, 조명, 마감재, 장식 요소 등의 구체적인 선택과 배치가 이루어집니다. 또한, 각 요소들이 조화롭게 어우러질 수 있도록 색상과 재료의 조합을 신중히 고려합니다. 고객에게 다양한 옵션을 제시하고, 그들과 함께 최종 결정을 내리는 과정이 필요합니다.

그다음엔 3D 모델링과 시각화입니다. 한샘의 홈플래너와 같은 소프트웨어를 활용하여 3D 모델링을 통해 설계를 시각화합니다. 이는 고객이 최종 디자인을 구체적으로 이해하고 시각적으로 확인할 수 있게 합니다. 3D 모델링은 고객과의 소통을 원활하게 하고, 수정 사항을 사전에 반영하여 최종 설계에 반영할 수 있게 합니다.

인테리어 디자인 설계는 단순히 공간을 꾸미는 것이 아니라, 고객의 삶을 기본보다 더 향상시키는 중요한 작업입니다. 이를 위해 철저한 준비와 세심한 배려가 필요하며, 고객과의 원활한 소통을 통해 최상의 결과를 만들어내는 것을 목표로 합니다.

견적

실측 후, 기본 설계가 되면 견적이 나옵니다. 상세 설계가 완료되면, 사용된 재료와 가구, 시공비 등을 종합하여 견적을 산출합니다. 견적은 고객의 예산에 맞추어 조정될 수 있으며, 필요에 따라 조정 사항을 반영합니다. 고객에게 명확하고 상세한 견적서를 제공하여 신뢰를 높이는 것이 중요합니다.

견적을 잘 내는 일은 정말 중요합니다. 견적을 잘못 내어 마이너스 되는 현장도 있을 수 있기 때문입니다. 현장을 잘 알아야 견적을 잘 낼 수가 있는데 그건 다음 현장 편에서 소개하도록 하겠습니다.

영업 & 고객 관리

인테리어를 하기 위해선 고객과의 상담이 먼저입니다. 인테리어를 희망하는 사람들의 니즈를 파악하여 계약으로 이끌어 내고 계약한 고객이 끝까지 만족할 수 있도록 고객감동에 최선을 다해야 합니다.

이렇게 하기 위해선 고객 접객을 하면서 고객 리스트를 잘 작성하여 업무 캘린더에 잘 정리하여 관리하는 능력이 중요합니다.

∷ 시공감리

인테리어 공사가 잘 시공이 될 수 있도록 현장에서 시공과정을 점검합니다. 한샘에서는 현장소장, PM이 중간중간 감리를 하지만 그래도 최종적으로 고객과 상담을 많이 한 사람은 RD이기에 자재 발주한 내역, 작업지시서를 수시로 살펴보고 공사 중간에도 고객에게 확인을 받아 시공을 해야 합니다. 수시로 점검해야 큰 사고를 막을 수 있습니다.

고객 입장에서 집을 고친다는 건 철거를 한 이후, 결국 자재를 사서 시공을 하는 것이기에 예산에 맞춰 선택을 해야 할 것이 정말 많습니다. RD는 자재 하나하나 알아야 할 것이 정말 많습니다. 고객의 예산에 맞춰 자재를 제안해 주거나 고객의 니즈, 라이프 스타일에 맞춰 집 구조 제안, 설계를 해주어야 하기에 전문지식을 쌓으려고 하는 노력은 중요합니다.

> **• 한 줄 요약**
> RD가 하는 일 : 고객 상담, 실측, 디자인 설계, 영업&고객관리, 시공감리

한샘에서 RD가 해야 하는 일

앞서 이야기 한 대로 RD가 해야 하는 일은 기본적으로 하면서도 한샘에 소속된 RD는 추가로 더 해야 할 일이 있습니다.

RD 교육

한샘 본사에서는 대리점을 대신하여 주기적으로 RD 교육을 진행하고 있습니다. 신제품이 출시될 때, 고객과 상담할 때 계약 성공률을 높이는 화법 교육, 각 제품들에 대한 숙지를 위한 교육들 창호, 수납, 주방, 바스 교육 등을 디자인파크나 한샘 본사에서 교육을 하게 되면 참석해야 합니다.

디자인파크 접객

보통 디자인 파크라고 하는 곳이 서울 기준, 용산 아이파크몰 디자인파크, 영등포 롯데백화점 디자인파크, 마포 디자인파크, 잠실 디자인파크 등이 있습니다. 한샘의 자재들인 주방, 욕실, 붙박이장, 도어, 창호, 마루, 장판, 벽지, 손잡이 등을 한눈에 볼 수 있는 곳인데요. 대리점이 어느 정도의 매출 규모가 되면 디자인 파크에 입점할 수 있습니다.

디자인 파크는 구경하러 오는 고객들도 있지만 어느 정도 인테리어의 니즈가 있는 고객들이 오는 곳이기에 접객을 통해 고객 상담을 높일 수 있습니다. 디자인 파크에 근무하게 되면 디자인 파크에서 원하는 의상, 근무시간 등 규정에 맞춰 근무를 할 수 있어야 합니다.

한샘 시스템 활용

한샘의 RD로서 업무 효율성을 높이기 위해서는 한샘 시스템을 적극 활용하는 것이 중요합니다. 한샘은 홈플래너 2.0이라는 소프트웨어를 제공하여, RD가 고객의 집 구조에 맞춰 도면을 그리고 3D로 집을 구현할 수 있도록 지원합니다. 홈플래너를 통해 설계 과정이 더욱 체계적이고 시각적으로 명확해지며, 고객에게 설계안을 효과적으로 전달할 수 있습니다.

홈플래너에는 전국 아파트 도면이 업로드되어 있어, RD는 이를 활용해 빠르게 설계를 시작할 수 있습니다. 또한, 실측한 사이즈를 반영하여 정확한 도면을 작성할 수 있습니다. 도면이 없는 경우에도 실측 결과를 기반으로 도면을 새로 그릴 수 있어 매우 유용합니다.

한샘 시스템은 설계뿐 아니라 견적 산출에도 큰 도움을 줍니다. 설계가 완료되면, 홈플래너는 사용된 자재와 가구, 시공비 등을 자동으로 계산하여 견적을 산출합니다. 이는 RD가 신속하고 정확하게 견적을 낼 수 있도록 도와주며, 고객에게 명확한 비용 정보를 제공하여 신뢰를 높입니다.

또한, 한샘은 전자계약 시스템을 통해 고객과의 계약을 간편하게 처리할 수 있도록 지원합니다. 전자계약 시스템은 계약서 작성, 서명, 보관을 디지털 방식으로 처리하여, 계약 과정을 효율적으로 관리할 수 있습니다. 이를 통해 종이 계약서 사용의 번거로움과 보관의 어려움을 줄일 수 있습니다.

한샘 시스템은 RD 교육 과정에서도 활용됩니다. 한샘은 주기적으로 RD 교육을 실시하여, 최신 제품 정보와 상담 기술을 교육합니다. 교육 과정에서 홈플래너와 전자계약 시스템 사용법을 익히고, 실제 업무에 적용할 수 있도록 합니다. 이를 통해 RD는 항상 최신 정보를 바탕으로 고객에게 최상의 서비스를 제공할 수 있습니다.

마지막으로, 한샘 시스템은 RD가 고객과의 소통을 원활하게 하고, 시공 과정을 체계적으로 관리하는 데 큰 도움이 됩니다. 이를 통해 고객 만족도를 높이고, RD의 업무 효율성을 극대화할 수 있습니다.

> **• 한 줄 요약**
>
> 한샘에서 RD가 해야 하는 일 : RD교육, 디자인파크 접객, 한샘 시스템 활용

RD의 역량

한샘 대리점에서도 RD를 채용하지만 한샘 본사에서 한샘 공식 대리점 소속 홈 인테리어 디자인 영업 전문직 RD를 채용합니다. RD 교육을 받고 채 1년도 되기 전에 그만두는 사람들이 많습니다. 그만두는 이유는 다양합니다. 가장 많이 그만두는 이유는 적성이 맞지 않아서, 그리고 고객을 응대하는 것에 대한 스트레스를 너무 많이 받아서입니다. 어떠한 일을 하던지 스트레스는 받습니다. 더욱이 업무 초반이고 익숙하지 않은 일을 할 때에는 더 낯설고 실수도 하기 마련이다 보니 스트레스는 있을 수밖에 없습니다. 제가 볼 때 이 일을 잘하기 위해선 아래와 같은 내용이 필요하다는 생각이 듭니다.

업무 적성

이 일은 간단히 말하면 인테리어를 하고 싶어 하는 고객을 만나서 계약을 하고 집이 잘 고쳐질 수 있도록 고객과 시공기사와 커뮤니케이션을 하는 직업입니다. 이런 과정을 잘하기 위해서, 익숙하게 하기 위해서는 노력이 필요합니다. 그런 노력을 하고 나서 드는 만족감이 뿌듯함이 들고 다음번엔 더 잘하고 싶다는 생각이 든다면 적성에 맞는다고 생각이 듭니다. 그러나 그렇지 않고 너무 힘들고 스트레스를 받다 못해 하기가 싫다면 그땐 다시 생각해 봐야 합니다. 일은 즐겁게 잘하는 사람을 절대 이기지 못합니다.

서비스 마인드

고객을 처음 만나 고객의 의견대로 설계를 하고 자재를 고르는 모든 과정엔 서비스 마인드가 녹아져 있어야 합니다. 서비스 마인드는 도대체 무엇일까요? 사실 간단합니다. 가장 기본적인 것은 직접 대면했을 땐 웃는 눈과 친절한 말투입니다. 대면하지 않았을 때는 연락을 잘 받는 것입니다. 인테리어 금액은 적게는 몇 십만 원 크게는 몇 천만 원, 1억이 넘게 들어가는 큰 공사입니다. 공사를 맡기기로 한 고객이 RD가 전화를 잘 받지 않거나 연락이 늦는다면 사실 걱정할 것이라고 생각합니다. 입장을 바꿔 생각해도 마찬가지겠죠?

교육, 회의 중일 때 전화를 받지 못할 땐 메시지를 남겨 줍니다. 잠시 전화라도 받을 상황이 된다면 "고객님 제가 회의 중이라 전화를 못 받아요 잠시 후에 다시 전화 드리겠습니다" 라고 말하는 건 아주 중요합니다. 시간까지 예상할 수 있다면 30분 후나 혹은 몇 시간 후에 전화 드리겠다고라고 말하면 아주 좋은 대응이라고 할 수 있습니다.

같은 금액을 쓰더라도 고객들은 기분 좋게 비용을 지불하고 싶어 합니다. 사람의 마음을 편안하게 해주는 건 아주 큰 무기라고 볼 수 있습니다.

뚜렷한 목표의식

RD는 평균 기본 급여를 받고 추가 인센티브를 받는 영업직 군입니다. 단순하게 일이 재미있어 보여서라는 마인드로 접근해서는 안됩니다. 좋아하는 일을 통해 내가 홈 인테리어 디자이너로서 이 분야의 전문가로 거듭나야겠다는 마인드는 필수입니다. 전문가가 되면 연봉은 자연스레 따라옵니다. 주간, 월간, 반기별, 연간 목표 설정은 필수입니다. 안 그러면 중간에 회의감이 찾아올 때가 있습니다. 꼭 목표의식을 세워서 일을 해야 흔들리지 않고 일을 할 수 있습니다.

전문지식 습득 의지

홈 인테리어 디자이너로서 성공하기 위해서는 지속적인 전문지식 습득 의지가 필요합니다. 인테리어 분야는 빠르게 변화하며, 새로운 자재, 기술, 디자인 트렌드가 계속해서 등장합니다. 이를 따라잡기 위해서는 끊임없이 배우고, 연구하는 자세가 중요합니다. 관련 서적을 읽고, 전문 교육 프로그램에 참여하며, 업계 세미나나 워크숍에 참석하는 등의 노력이 필요합니다. 또한, 현장 경험을 통해 얻는 실질적인 지식도 매우 중요합니다. 고객에게 더 나은 서비스를 제공하고, 자신만의 전문성을 개발하기 위해 꾸준히 노력하는 자세가 RD에게 필수적입니다.

- **한 줄 요약**

  RD의 역량 : 업무 적성 파악, 서비스 마인드, 뚜렷한 목표의식, 전문지식 습득 의지

02

억대 매출을 위해 꼭 알아야 할 것들

성공한 사람들의 영업전략 분석

사람들은 보통 영업이 힘들다고 말합니다. 여러 직군 중 영업은 정말 힘들어라고 말하는 사람들도 있습니다. 그런데 가만히 들여다 보면 모든 업계는 영업이 기본으로 되어 있습니다.

열심히 공부해서 내가 서울 교대, 서초지역에 변호사 사무실을 차리게 되었다고 했을 경우, 고객들이 알아서 저를 찾으러 올까요? 고객들도 개인 변호사보다는 중형 로펌, 대형 로펌이 좀 더 변호사 인원 수도 많고 승패율이 더 좋다는 것을 알기에 보통은 그쪽으로 많이 가게 됩니다. 그럼 변호사 사무실을 알리려면 어떻게 해야 할까요? 교대, 서초지역에만 해도 변호사 사무실이 수없이 많습니다. 변호사들도 영업을 해야 합니다. 인터넷 광고도 하고 여러 모임에 참석해서 변호사임을 알리고 주변 사람들에게도 계속 홍보를 해야 하겠죠.

영업직 군이 고객이 나를 선택하게 해야 하는 거라 갑과 을 중에 을이라고 보통 표현을 하는데 생각해 보면 영원한 갑은 없습니다.

회사 생활에서 직급에 따라서 사장이 갑인 것 같지만 결국 비즈니스를 창출해 내려 하는 사장 또한 고객의 마음을 얻어 매출을 얻어야 하고, 직원들도 요즘 평생 직장이란 개념이 잘 없기 때문에 그만두면 그만이라 직원들을 함부로 대한다고 해서 얻어지는 부분도 없습니다.

그럼 공기업, 공무원들은 갑일까요? 시민들의 잦은 민원, 그리고 상위기관에 따라서 또 업무체계가 있기 때문에 공기업, 공무원들도 급수에 따라 기관 성격에 따라 을의 위치에 있습니다. 그럼 대통령이 최고 갑일까요? 그렇지 않죠. 우리나라 민주주의 시대에 대통령에게 잘못을 지적할 수 있고, 임기는 정해져 있고 시민들의 마음을 얻어야 당선이 될 수 있으니까요.

모든 일은 생각하기 나름입니다. 내가 영업을 잘해 성공하고 싶다면 성공한 사람들의 성공전략을 찾아보는 것입니다. 꼭 동종업계가 아니라도, 타 업종에서 성공한 사람들의 성공 전략을 찾아보는 것은 정말 중요한 일입니다.

빨간펜, 구몬학습지로 알려져 있는 장평순 교원그룹 회장에게 영업왕이 된 비결을 물었을 때 그는 이렇게 대답했습니다 "결과를 바꾸는 것은 작은 차이입니다. 평소 직원들에게 물 끓는 점인 99도와 100도의 차이에 대해 자주 말합니다. 99도의 물로는 증기 기관차를 움직일 수 없습니다. 영업도 마찬가지입니다. 고객에게 아무리 상품 설명을 잘했어도 판매되지 않았다면 99도의 물과 같은 것입니다. 99도를 100도로 높이는 것은 사람의 마음을 움직이는 것입니다. 그러려면 반복이 중요합니다. 개인기만으로는 한두 달 잘할 수 있지만 지속적인 성과를 내기는 어렵습니다. 반복을 통해 수준이 높아져야 자신감을 이룰 수 있고 끈기가 생깁니다. 적당히 해서 이룰 수 있는 것은 없습니다. 사람들은 적당한 노력으로 성공하길 바라지만 그런 일은 없습니다" 라고 말했습니다. 한두 번 했다고 지치는 게 아니라 꾸준히 해내는 끈기를 중요하다고 생각하는 것입니다.

국내 리조트 업계에서 리조트 회원권 분양을 전국 1위를 7년 연속 기록한 영업왕으로 잘 알려진 정준교 팀장은 자신의 성공 비결을 성실함이라고 말했습니다. 원래 외향적인 면이 있다고 말했지만 매주 화요일 오전 6시에 참석하는 비즈니스 조찬모임 BNI를 13년째, 매달 가는 골프 월례회 라운드를 6년째 유지하고 있고 영업 일을 시작한 이후로 지금까지 매주 수, 목요일마다 한 주간 회원권 동향과 함께 여행 레저 및 경제 전반에 대한 기사를 모은 위크 레터를 발행하고 있다고 합니다. 동종 업계에서는 유일하게 정준교 팀장만이라고 합니다.

2010년에 hy(옛 한국 야쿠르트)에 입사하여 연 매출 2억 5천만원을 달성한 프레시 매니저 김선란 매니저는 판매단가가 적은 음료들 판매를 통해서도 얼마든지 영업이 가능하다는 걸 보여줍니다. 다른 이들보다 하루를 일찍 시작하는데 새벽 4시에 집을 나서 사무실에 도착해 물건을 다 챙기는 시간이 오전 6시. 이는 정기적으로 제품을 배달하는 고정 고객만 300명이 넘기 때문입니다. Hy는 프레시 매니저 1명당 월 200만 원을 받을 수 있도록 구역을 배분하는데 여기서 매출을 더 늘리는 것은 프레시 매니저의 역량이라고 합니다

이렇게 여러 분야에서 힘들다고 하는 경기 불황 속에서도 잘 해내는 사람은 언제나 있습니다. 그들의 영업전략의 공통점은 성실함과 꾸준함입니다. 마음이 지치고 힘들 때 그저 내려놓는 게 아니라 하기 싫은 것을 꾸준히 해내는 힘이 있다면 내일의 결과는 다를 것이라고 생각합니다.

추가로, 성공한 사람들은 항상 학습하는 자세를 유지합니다. 그들은 책을 읽고, 새로운 기술을 배우며, 세미나 워크숍에 참석합니다. 이렇게 지속적으로 자신을 발전시키는 것은 경쟁력을 유지하는 데 필수적입니다. 또한, 그들은 네트워킹을 중요하게 생각합니다. 다양한 사람들과의 관계를 통해 새로운 기회를 발견하고, 자신의 네트워크를 확장해 나갑니다.

마지막으로, 성공한 사람들은 긍정적인 마인드를 유지합니다. 실패

를 두려워하지 않고, 도전과 변화를 기회로 받아들이며, 항상 긍정적으로 생각하려 노력합니다. 이러한 마인드는 어려운 상황에서도 포기하지 않고 계속해서 앞으로 나아가게 하는 원동력이 됩니다.

성공한 사람들의 영업전략을 분석해 보면, 성실함, 꾸준함, 지속적인 학습, 네트워킹, 그리고 긍정적인 마인드가 그들의 성공을 이끄는 주요 요소임을 알 수 있습니다. 이러한 요소들을 나의 영업 전략에 적용한다면, 나 역시 성공의 길로 나아갈 수 있을 것입니다.

성공한 사람들은 책을 많이 읽는다

요즘 유튜브나 책에서도 각 분야에서 성공한 사람들이 공통적으로 하는 이야기들이 "책을 많이 읽어라"라고 합니다. 꿈꾸는 다락방으로 인기 작가로 올랐던 이지성 작가도 독서의 중요성을 강조했습니다. 이지성 작가는 개인 또는 사회와 나라의 운명을 바꿀 수 있는 독서법으로 인문고전 독서법을 강조했습니다. 그리고 코미디언이었던 지금은 성공한 메밀국수 사장이 된 고명환 씨도 수많은 실패를 딛고 일어설 수 있었던 유일한 이유는 독서라고 합니다. 고명환 씨는 여러 책 중에서 세계적인 아이디어 뱅커 '세스 고딘'에게 영감을 받았다고 이야기합니다.

다독이 중요하지만 무조건 책을 많이 읽는다고 방법을 찾을 수 있는 건 아닐 듯합니다. 중요한 것은 목적을 가지고 읽는 것입니다.

생각보다 살다 보면 의문점이 드는 일들이 많습니다. 그에 대한 의문점을 쉽게 인터넷 검색, 유튜브로 찾아볼 수 있지만 책에서 얻어지는 것들이 더 많습니다. 상황에 맞는 책들을 찾아보는 것이 중요하다고 생각합니다. 내가 대화법이 좀 부족하다고 여겨질 땐 대화법에 관한 책을 찾아 읽어보고, 그 내용을 실제 상황에 적용해 보는 것입니다.

독서는 문제 해결의 실마리를 제공할 뿐만 아니라, 새로운 아이디어와 관점을 제공합니다. 다양한 주제의 책을 읽으면서 사고의 폭을 넓히고, 창의적인 해결책을 찾는 데 도움을 받을 수 있습니다. 또한, 독서를 통해 얻은 지식은 자신감을 높이고, 전문성을 강화하는 데 큰 도움이 됩니다.

성공한 사람들은 책을 통해 끊임없이 배우고 성장합니다. 그들은 독서를 통해 자신을 돌아보고, 미래를 계획하며, 현재의 문제를 해결합니다. 책은 그들에게 끊임없는 영감의 원천이 됩니다. 예를 들어, 스티브 잡스는 인문학과 기술의 교차점을 강조하며, 다양한 분야의 책을 읽고 그 지식을 제품 개발에 적용했습니다.

독서는 또한 스트레스를 해소하고 마음을 안정시키는 데도 큰 도움이 됩니다. 바쁜 일상 속에서 잠시 책을 읽는 시간을 가지면 마음이 차분해지고, 새로운 에너지를 얻을 수 있습니다. 이는 업무 효율성을 높이고, 창의적인 아이디어를 떠올리는 데 도움이 됩니다.

책을 많이 읽는 습관을 가지면, 다양한 지식과 경험을 축적할 수 있습니다. 이는 자신을 더욱 유능하게 만들고, 다양한 상황에서 유연하게 대처할 수 있게 합니다. 또한, 책을 통해 얻은 지식을 다른 사람들과 공유하며, 더욱 풍부한 인간관계를 형성할 수 있습니다.

그리고 성공한 사람들이 강조하는 독서의 중요성은 단순히 지식을 쌓는 것을 넘어, 그 지식을 실천으로 옮기는 데 있습니다. 독서를 통해 얻은 통찰력과 지혜를 바탕으로 자신의 목표를 설정하고, 꾸준히 노력해 나가는 것이 중요합니다. 이를 통해 더 나은 결과를 얻고, 지속적으로 성장할 수 있습니다.

마지막으로, 독서는 평생 학습의 중요한 부분입니다. 세상이 빠르게 변화하는 만큼, 끊임없이 배우고 적응하는 능력이 필요합니다. 책은 이러한 과정에서 든든한 동반자가 되어 줄 것입니다. 독서를 통해 얻은 지식과 경험은 시간이 지나도 사라지지 않으며, 삶의 여러 단계에서 유용하게 활용될 것입니다.

성공한 사람들은 이러한 이유들로 인해 책을 많이 읽습니다. 그들의 경험을 통해 알 수 있듯이, 독서는 성공의 중요한 요소 중 하나입니다. 꾸준한 독서를 통해 자신을 발전시키고, 더 나은 미래를 만들어 나가는 것이 중요합니다.

사람의 마음을 얻는 법은 따로 있다

사람의 마음을 얻는 것은 영업에서 매우 중요한 요소입니다. 단순히 제품이나 서비스를 판매하는 것 이상의 의미를 지니며, 고객과의 신뢰와 관계를 형성하는 데 큰 역할을 합니다. 사람의 마음을 얻기 위해서는 몇 가지 중요한 원칙을 따라야 합니다.

첫째, 진정성 있는 태도를 유지하는 것이 중요합니다. 고객은 진정성을 느낄 때 신뢰를 가지게 됩니다. 진심으로 고객과 눈을 마주치며 고객의 입장에서 생각하고, 그들의 요구와 필요를 이해하려는 노력이 필요합니다. 이는 단순한 비즈니스 관계를 넘어, 고객이 원하는 점, 고객이 고민하는 문제를 해결해주고자 하는 마음에서 비롯됩니다.

RD로 근무를 하다 보면 의외로 고객들이 근무한지 한 달 이내의 직원을 보고 계약을 하는 일이 많습니다. 갓 입사한 직원의 열정적인 마음이 통해서 고객으로 하여금 '이 직원에게 맡기면 나의 집을 정성을 다해 고쳐주겠구나' 하는 마음이 생기는 것입니다.

둘째, 경청의 기술을 갖추는 것이 필요합니다. 고객의 이야기를 잘 듣는 것은 그들의 마음을 얻는 데 큰 도움이 됩니다. 경청은 단순히 듣는 것이 아니라, 고객의 말속에 담긴 감정과 의도를 이해하려는 노력입니다. 이를 통해 고객은 자신이 존중받고 있다고 느끼며, 더 쉽게 마음을 열게 됩니다.

셋째, 공감을 표현하는 것이 중요합니다. 고객이 느끼는 감정에 공감하고, 그들의 입장에서 생각하는 태도가 필요합니다. 예를 들어, "고객님, 그 문제 정말 이해가 됩니다. 저도 그런 상황이라면 똑같이 느꼈을 것 같아요"와 같은 공감의 표현은 고객과의 심리적 거리를 좁히는 데 큰 도움이 됩니다.

넷째, 고객과의 신뢰를 구축하는 것이 필수적입니다. 신뢰는 고객과의 장기적인 관계를 유지하는 데 핵심 요소입니다. 이를 위해 약속을 지키고, 정직하게 행동하며, 투명한 커뮤니케이션을 유지해야 합니다. 신뢰가 쌓이면 고객은 반복적으로 거래를 하게 되고, 이는 지속적인 계약으로 이어집니다.

다섯째, 고객에게 가치를 제공하는 것이 중요합니다. 고객이 필요로 하는 것을 제공하고, 기대 이상의 서비스를 제공함으로써 고객의 만족도를 높일 수 있습니다. 이는 고객이 느끼는 가치와 만족도를 극대화하는 데 도움이 됩니다. 예를 들어, 고객이 예상하지 못한 추가 혜택이나 정보를 제공하는 것도 좋은 방법입니다.

여섯째, 긍정적인 태도를 유지하는 것이 중요합니다. 긍정적인 태도는 고객에게 긍정적인 인상을 주며, 어려운 상황에서도 해결책을 찾는 데 도움이 됩니다. 고객과의 상호작용에서 긍정적인 에너지를 전달하면, 고객은 더 편안하고 신뢰감 있게 느낄 것입니다.

일곱째, 지속적인 관계 관리를 통해 고객과의 관계를 유지하는 것이 중요합니다. 판매가 끝난 후에도 고객과의 관계를 유지하며, 정기적인 연락과 사후 관리를 통해 고객의 만족도를 높일 수 있습니다. 이는 고객이 재구매를 고려하게 하고, 주변 사람들에게 추천을 하면서 새로운 고객을 유치하는 데도 도움이 됩니다.

여덟째, 고객의 피드백을 적극적으로 수용하고 개선하는 것이 필요합니다. 고객의 의견을 듣고, 이를 반영하여 서비스를 개선하는 것은 고객의 신뢰를 얻는 중요한 방법입니다. 이는 고객이 자신의 의견이 존중받고 있다고 느끼게 하여, 더 깊은 관계를 형성하는데 도움이 됩니다.

마지막으로, 진심 어린 감사의 표현을 잊지 않는 것이 중요합니다. 고객의 선택과 신뢰에 대해 감사하는 마음을 전달하는 것은 고객과의 관계를 강화하는 데 큰 도움이 됩니다. 인테리어 공사가 끝났을 때 작은 감사 카드나 메시지, 혹은 특별한 혜택을 통해 감사를 표현할 수 있습니다.

이와 같이, 사람의 마음을 얻기 위해서는 진정성, 경청, 공감, 신뢰 구축, 가치 제공, 긍정적인 태도, 지속적인 관계 관리, 피드백 수용, 그리고 감사의 표현이 중요합니다. 이러한 원칙들을 실천하면 고객과의 깊은 신뢰와 만족도를 형성할 수 있습니다.

업계 정보와 뉴스는 수시로 체크한다

인테리어 업계는 빠르게 변화하는 시장 중 하나로, 최신 정보와 트렌드를 지속적으로 파악하는 것이 매우 중요합니다. RD로서 성공하기 위해서는 인테리어 업계 정보와 뉴스를 수시로 체크하는 습관을 가져야 합니다. 이는 고객에게 최신 트렌드와 정보를 제공함으로써 더 나은 서비스를 제공하는 데 필수적입니다.

첫째, 주요 인테리어 관련 매체를 자주 들여다보는 것이 중요합니다. 예를 들어, 인테리어 전문 잡지, 온라인 매거진, 블로그 등을 통해 최신 트렌드, 새로운 제품, 시공 기술 등을 지속적으로 업데이트할 수 있습니다. 이러한 매체들은 업계의 최신 동향과 혁신적인 아이디어를 제공하여 RD의 전문성을 높이는 데 큰 도움이 됩니다.

둘째, 관련 세미나나 전시회에 참석하는 것도 좋은 방법입니다. 국내외에서 열리는 인테리어 관련 세미나, 워크숍, 전시회에 참석하면 최신 정보를 직접 접할 수 있고, 업계 전문가들과 네트워킹할 기회도 얻을 수 있습니다. 이를 통해 얻은 지식과 인사이트는 고객 상담 시 큰 강점이 됩니다.

셋째, 업계 리더나 전문가의 소셜 미디어를 팔로우하는 것도 유용합니다. 인테리어 디자인 분야에서 영향력 있는 인물들의 트위터, 인스타그램 등을 통해 최신 소식을 빠르게 접할 수 있습니다. 그들의 경험과 통찰을 배움으로써 자신만의 경쟁력을 키울 수 있습니다.

넷째, 인테리어 관련 책을 꾸준히 읽는 것도 중요합니다. 책은 깊이 있는 정보를 제공하며, 특정 주제에 대한 심도 있는 이해를 도울 수 있습니다. 예를 들어, 최신 디자인 이론, 색채학, 공간 활용 기술 등 다양한 주제의 책을 통해 지식을 넓혀 나갈 수 있습니다.

다섯째, 인터넷 검색과 유튜브를 활용하여 다양한 정보를 얻을 수 있습니다. 특정 주제나 기술에 대해 궁금한 점이 있을 때, 인터넷 검색을 통해 다양한 자료를 찾아볼 수 있습니다. 또한, 유튜브에는 인테리어 전문가들이 제공하는 유익한 영상들이 많이 있습니다. 이를 통해 실질적인 시공 기술과 디자인 팁을 배울 수 있습니다.

여섯째, 동료 RD들과의 정보 공유도 중요한 방법입니다. 같은 업계에 종사하는 동료들과 정기적으로 정보를 교환하고, 서로의 경험을 공유함으로써 다양한 시각과 아이디어를 얻을 수 있습니다. 이를 통해 최신 트렌드를 빠르게 파악하고, 고객에게 더 나은 서비스를 제공할 수 있습니다.

일곱째, 고객의 피드백을 통해 시장 동향을 파악하는 것도 중요합니다. 고객의 요구와 피드백은 시장의 변화를 직접적으로 반영합니다. 고객이 선호하는 스타일, 자재, 기능 등을 파악하여 이를 설계에 반영하면 더 나은 서비스를 제공할 수 있습니다.

마지막으로, 지속적인 학습과 자기 개발을 위해 다양한 온라인 강좌와 코스를 수강하는 것도 좋은 방법입니다. 여러 교육 플랫폼에서 제공하는 인테리어 디자인, 시공 기술, 최신 트렌드 관련 강좌를 통해 최신 정보를 습득하고, 자신의 역량을 강화할 수 있습니다.

이와 같이, 인테리어 업계 정보와 뉴스를 수시로 체크하는 것은 RD로서의 전문성을 높이고, 고객에게 최신 트렌드와 정보를 제공하는 데 큰 도움이 됩니다. 이를 통해 고객 만족도를 높이고, 경쟁력 있는 RD로 성장할 수 있을 것입니다.

03

현장을 잘 아는 RD가 답이다

현장을 모르면 자주 가라

인테리어 디자이너로서 현장을 잘 아는 것은 매우 중요합니다. 현장을 잘 알기 위해서는 무엇보다 현장을 자주 방문해야 합니다. 현장을 자주 방문하면 설계와 실제 시공 사이의 차이를 이해하고, 예상치 못한 문제를 신속히 해결할 수 있습니다. 이는 고객의 신뢰를 얻고, 프로젝트의 성공을 보장하는 데 큰 도움이 됩니다.

초반에 RD 교육을 받고 나자마자 현장에 맞게 인테리어 디자인을 잘할 수 있는 RD는 단 한 명도 없다고 생각합니다. 우리나라 주택구조가 대표적으로 아파트, 빌라, 오피스텔로 되어 있지만 그 안에서 평수별, 아파트 연도, 집 구조 판상형인지 타워형인지에 따라, 또 저층인지 탑층인지에 따라 설계해야 할 포인트가 있기 때문입니다.

게다가 RD와 현장 기사님들의 서로 업무에 대한 이해도가 낮은 편입니다. 요즘은 많이 개선되었지만 예전엔 현장 기사님들은 RD가 너무 현장을 모른 채 이야기 한다고 하고 RD들은 현장 기사님들이 퉁명스럽고 이유는 잘 알려주지 않은 채 무조건 안된다고 말하기도 한다고 합니다.

그래서 초반엔 각 공정별로 자주 가서 기사님들께 여쭤보는 것이 아주 큰 도움이 됩니다.

각 공정이 제대로 진행되고 있는지 확인하고, 문제가 발생했을 때 즉각적으로 대응할 수 있습니다. 예를 들어, 철거 작업 중 예상치 못한 구조물이 발견되거나, 전기 배선 작업 중 문제가 발생할 경우, 현장에서 바로 해결책을 찾을 수 있습니다. 이는 공사 지연을 방지하고, 원활한 진행을 보장합니다.

그리고 현장 방문을 통해 시공팀과의 원활한 소통이 가능합니다. 시공팀과의 긴밀한 협력은 프로젝트의 성공에 중요한 요소입니다. 현장에서 직접 시공팀과 소통하며, 설계 의도를 명확히 전달하고, 시공 과정에서 발생하는 질문이나 문제를 즉시 해결할 수 있습니다. 이는 오해를 줄이고, 품질 높은 시공을 보장합니다.

또한 현장 방문을 자주 가게 되면 고객과의 신뢰 구축에도 큰 도움이 됩니다. 고객은 자신의 집이 어떻게 변해가는지 궁금해하며, 이를 지켜보기를 원합니다. RD가 현장을 자주 방문하여 고객에게 진행 상황을 설명하고, 궁금증을 해결해 준다면, 고객은 더 큰 신뢰를 가지게 됩니다. 또한, 고객의 요구나 변경 사항을 현장에서 바로 반영할 수 있어 만족도를 높일 수 있습니다.

그리고 현장 방문은 실무 경험을 쌓는데도 큰 도움이 됩니다. 책이나 이론만으로는 알 수 없는 실무 지식을 현장에서 직접 배울 수 있습니다. 각 공정의 세부적인 작업 방식, 사용되는 자재와 도구, 작업 순서 등을 현장에서 관찰하고, 시공팀과의 대화를 통해 배우는 것은 매우 가치 있는 경험입니다. 현장에서 기사님들이 자주 쓰는 용어도 직접 듣고 작업 방식을 보다 보면 현장에 대한 이해도는 점점 높아지기 마련입니다.

철거할 때 '단도리하자' 라는 말을 듣게 됩니다. 마무리 작업을 뜻하는 단어입니다. 그리고 19평 아파트를 혼자서 철거하시는 경우가 있습니다. 다음 현장에 19평 아파트 철거할 때 두 명의 기사님이 오시는 경우 철거비에 대한 작업 내용, 철거비를 조절할 수 있기도 합니다.

목공 시엔 '벽 가네가 안 맞다' 라는 말을 보통 듣게 됩니다. 수평이 안 맞다는 단어입니다. 목공 작업시에 거실을 우물천장으로 하는 경우, 대략적인 치수를 정해줘야 합니다. 아무리 잘 실측해 왔다 하더라도 초반에 감이 없으면 기사님에게 전달이 어렵습니다. 그럴 땐 현장에 직접 가서 고객님과 나누었던 이야기를 잘 전달해 줘야 합니다. 간접 우물천장의 경우 천장 마감 끝을 어떻게 할건지 구체적으로 알려줘야 합니다.

이러한 경험은 RD의 역량을 크게 향상시킵니다.

그리고, 현장 방문은 RD에게 지속적인 동기 부여가 됩니다. 자신의 설계가 실제로 구현되는 과정을 직접 보며, 그 결과물을 확인하는 것은 큰 성취감과 만족감을 줍니다. 이는 RD가 더 열정적으로 일할 수 있는 원동력이 됩니다.

이와 같이, 현장을 자주 방문하는 것은 RD로서의 성공을 위해 매우 중요합니다. 현장을 잘 아는 RD가 답입니다. 이를 통해 고객의 신뢰를 얻고, 프로젝트의 성공을 보장하며, 자신의 역량을 지속적으로 향상시킬 수 있습니다.

실측 잘하는 법

인테리어 실측은 성공적인 프로젝트를 위한 중요한 첫 단계입니다. 정확한 실측은 설계와 시공의 정확성을 보장하고, 예산과 일정의 예측 가능성을 높여줍니다. 다음은 인테리어 실측을 잘하는 몇 가지 방법입니다.

첫째, 철저한 준비 : 실측을 시작하기 전에 필요한 준비물을 잘 챙겨야 합니다. 줄자, 레이저 거리 측정기, 노트나 태블릿, 펜, 카메라 등을 챙기고, 실측 체크리스트를 미리 작성하여 빠뜨리는 부분이 없도록 합니다. 미리 현장 도면을 체크하는 것은 큰 도움이 됩니다.

둘째, 전체 구조파악 : 먼저 공간의 전체 구조를 파악하고, 주요 공간과 각 방의 크기를 확인합니다. 벽, 천장, 바닥, 창문, 문 등의 위치와 크기를 기록합니다. 모든 공간을 체계적으로 측정하고, 각 공간의 주요 요소를 빠짐없이 기록해야 합니다.

셋째, 디테일한 측정 : 각 공간의 세부 사항을 정확히 측정합니다. 예를 들어, 벽의 길이와 높이, 창문과 문의 크기와 위치, 천장의 높이, 바닥의 상태 등을 측정합니다. 또한, 전기 콘센트, 스위치, 배관, 환기구 등의 위치도 기록합니다. 이러한 세부 사항은 나중에 설계와 시공에 큰 영향을 미칩니다.

넷째, 사진촬영 : 실측한 공간과 주요 요소들을 사진으로 기록합니다. 이는 나중에 도면을 작성하거나 설계할 때 참고하기 위해 매우 유용합니다. 각 사진에는 설명을 덧붙여 나중에 쉽게 식별할 수 있도록 합니다.

다섯째, 정확한 도면 : 실측이 끝난 후, 측정한 데이터를 바탕으로 정확한 도면을 작성합니다. 이 도면은 설계와 시공의 기본 자료가 되므로, 최대한 정확하고 상세하게 작성해야 합니다. 도면 작성 시에는 실측한 모든 세부 사항을 반영하고, 필요한 경우 추가적인 정보를 포함시킵니다.

인테리어 실측은 정확성과 신중함이 요구되는 작업입니다. 실측 과정에서 작은 오차나 실수는 설계와 시공에 큰 영향을 미칠 수 있으므로, 항상 꼼꼼하고 철저하게 작업해야 합니다. 이러한 과정을 통해 정확한 실측을 바탕으로 성공적인 인테리어 프로젝트를 진행할 수 있습니다.

공정표 짜는 법

각 공정에 대한 이해도가 있어야 공정표를 잘 짤 수 있습니다. 공정표는 프로젝트의 원활한 진행을 보장하고, 모든 작업이 효율적으로 이루어지도록 하는 중요한 요소입니다. 인테리어 공사의 공정표는 일반적으로 철거 - 설비 - 샷시 - 전기 - 목공 - 도장 - 마루 - 도배 - 바스 - 주방 - 수납 - 조명 시공 - 현장 마감의 순서로 이루어집니다. 그러나 상황에 따라 유연하게 조정할 필요가 있습니다.

첫째, 기본 공정 이해 : 공정표의 기본은 각 공정이 순서대로 진행되도록 구성하는 것입니다. 철거 작업부터 시작해 설비, 샷시, 전기, 목공, 도장, 마루, 도배, 바스, 주방, 수납, 조명 시공, 현장 마감까지 순차적으로 진행됩니다. 각 공정은 이전 공정이 완료된 후에 시작되어야 하며, 작업의 순서를 명확히 이해하고 있어야 합니다.

둘째, 작업 간소화와 병행 : 고객의 입주일과 공사기간이 짧을 경우, 공정을 병행하여 작업 기간을 단축할 수 있습니다. 예를 들어, 철거하는 날 간단한 전기 선 작업을 미리 진행하거나 인테리어할 공간이 분리가 되어 있다면 목공 작업과 도장 작업을 동시에 진행할 수 있습니다. 물론, 작업 기사들이 편하게 일할 수 있도록 공정이 겹치지 않는 것이 기본이지만, 현장 상황에 따라 조정이 필요합니다.

셋째, 작업 공간 고려 : 각 공정이 복잡한지, 간단한지에 대한 작업 이해도가 있어야 합니다. 예를 들어, 목공 작업이 많이 필요한 경우 도장 작업과 병행하기 어렵습니다. 또한, 집 공간이 좁아 작업 공간이 나오지 않을 때는 공정을 병행하기 어렵습니다. 이런 경우에는 작업 순서를 조정하여 공간을 확보해야 합니다.

넷째, 작업 시간 조율 : 각 공정별 작업 시간을 정확히 파악하여 공정표에 반영해야 합니다. 각 작업이 얼마나 걸릴지 예측하고, 작업이 끝나는 시간을 기준으로 다음 공정을 시작할 수 있도록 조정합니다. 예를 들어, 도배 작업이 예상보다 길어질 경우 다음 공정을 지연시키지 않도록 조정이 필요합니다.

다섯째, 유연한 공정 관리 : 현장 상황에 따라 유연하게 공정표를 조정하는 것이 중요합니다. 현장에서 예상치 못한 문제가 발생할 수 있으며, 이러한 상황에 대비해 공정표를 유동적으로 관리할 수 있어야 합니다. 필요한 경우, 특정 작업을 우선순위로 조정하거나, 추가 인력을 투입하여 공정을 앞당길 수 있습니다.

여섯째, 효율적인 자재 관리 : 공정표를 작성할 때, 각 공정에 필요한 자재를 미리 확보하고 준비해 두는 것이 중요합니다. 자재가 적시에 도착하지 않으면 작업이 지연될 수 있으므로, 자재 관리도 공정표 작성에 중요한 요소입니다. 자재 도착 일정을 고려하여 공정표를 작성해야 합니다.

일곱째, 커뮤니케이션과 협업 : 공정표 작성 과정에서 시공팀과의 원활한 커뮤니케이션이 중요합니다. 각 공정 담당자들과 협의하여 작업 일정과 순서를 조율하고, 필요한 자원을 적시에 공급할 수 있도록 협력합니다. 시공팀의 의견을 반영하여 현실적인 공정표를 작성하는 것이 중요합니다.

여덟째, 긴급 상황 대응 : 공정표 작성 시, 긴급 상황에 대비한 플랜 B를 마련해 두는 것이 좋습니다. 예상치 못한 상황이 발생했을 때 빠르게 대응할 수 있도록 예비 계획을 세워 두고, 문제 발생 시 신속히 대응할 수 있는 체계를 갖추는 것이 중요합니다.

아홉째, 고객과의 소통 : 공정표 작성 후, 고객과도 이를 공유하여 공사 진행 상황과 일정을 투명하게 전달하는 것이 좋습니다. 고객이 공정표를 통해 작업 진행 상황을 이해하고, 일정 변경에 대한 이해를 돕는 것이 중요합니다.

예전에 용산 아파트 17평 인테리어 공사를 영업일 기준 8일 만에 주방, 욕실, 도배, 마루, 시스템에어컨 공사(거실, 안방), 현관, 베란다 바닥 타일, 수납, 중문 설치 의뢰를 받았던 적이 있습니다. 처음에 그 고객님은 욕실 교체와 도배만 하려고 하셨는데 쇼룸에 와서 상담을 받다 보니 공사를 더하고 싶어 하셨습니다.

시공팀에선 못한다고 했는데 한샘 영업부장님, TR 님들과 같이 설득하고 협의해서 시작을 하게 되었던 적이 있었습니다. 사실 고객님도 공사 일정이 안되는 상황이면 일부 공사를 못하는 걸 받아들인 상태였지만 결국 해내게 되었습니다. 시공팀의 노력으로 마감도 잘 나왔고, 고객님도 한샘에 감동했다고 하시며 정말 마음에 들어 하시며 정말 고마워 하셨습니다. 무조건 포기하는 것보단 해내는 노력이 정말 중요합니다.

이렇게 얼마든지 협의를 하면 일정을 잘 끝마칠 수도 있습니다. 이렇듯 각 공정의 특성과 작업 상황을 잘 이해하고 유연하고 효율적인 공정표를 잘 작성하여 체크를 하면 프로젝트를 성공적으로 끝마칠 수 있습니다.

각 공정별 알아 두어야 할 사항

⁂ 철거

철거하기 전에 고객님과 협의한 내용을 잘 살펴보아야 합니다. 재사용하는 부분이 있는지 철거 범위에 대해서 구체적으로 작업지시서에 작성해 두어야 하고, 작업지시서에 작성하기 애매하면 미리 현장에 가서 메모지를 붙여두는 것도 방법입니다.

특히 부분 공사일 때 이때 아주 중요합니다. 주방 철거 시 기존 사용 가전의 철거 여부를 확인하지 않고 철거를 하게 되면 곤란하기 때문입니다.

철거를 할 때 오래된 아파트의 경우, 화단이 있는 경우가 있습니다. 대부분의 아파트는 화단 철거 시 행위허가를 받아야만 하지만 받지 않아도 되는 경우가 있습니다. 이 부분을 관리소에 확인하는 과정은 중요합니다.

• 구조부 손상 노출되었을 때

철거를 하다 보면 세대 내 철근이 노출될 때가 있습니다. 이건 RD와 시공기사님과 독단적으로 해결하지 말고 꼭 관리사무소의 처리 방법에 대해 확인을 해야 합니다. 관리사무소가 없는 경우에는 고객님에게 처리 규정에 대해 논의 후 공사를 해야 합니다.

• 석면 단열재 철거할 때

용산 해방촌에 있는 나 홀로 아파트를 전체 공사하는 과정에서 시스템에어컨 설치로 인해 천장을 철거하게 되었는데 석면이어서 당황했던 적이 있었습니다. 공기가 매우 짧아서 최대한 변수가 없어야 했던 현장이었습니다.

석면 철거 시엔 1급 발암물질이라 직접 철거하면 안 되고 석면 철거업 면허 보유 업체에 철거 및 폐기 요청을 해야 합니다. 다행히 시공팀에 석면 철거 면허가 있어서 바로 대응할 수 있었습니다.

석면은 산업안전보건법 제 121조 1항에 "석면해체,제거를 업으로 하려는 자는 대통령령으로 정하는 인력, 시설 및 장비를 갖추어 고용노동부장관에게 등록하여야 한다." 라고 등록이 되어 있으며 아래의 장비를 갖추어 작업을 해야 합니다.
- 고성능 HEPA필터가 장착된 음압기
- 고성능 HEPA필터가 장착된 진공청소기
- 해체 할때의 복장을 갖춘 위생설비
- 송기 마스크나 전동식 호흡 보호구, 전동식 후드 또는 전동식 보안면
- 습윤장비

• 구식 배관 철거 후 재 작업시

36년된 서울 올림픽 선수 기자촌 아파트 65평을 공사해야 하는 일이 있었습니다. 이 아파트는 오래돼서 배관 교체까지 전체 공사해서 진행하는 일이 많았습니다. 오래된 아파트라 재건축 이슈도 있어서 아파트 주민들은 인테리어 공사에 큰 돈을 쓰고 싶어 하지 않았지만 배관이 낡아 누수가 되거나 터지는일이 세대 내 몇 번 발생하였기에 전체 공사시 배관 교체를 거의 하는 분위기였습니다.

보통 PPC배관이나 동관의 연장, 이동,이음 작업은 한샘에서 하지 않습니다. 이유는 배관이 노후화되어 누수 위험이 높아지기 때문입니다.

급수는 PB 배관으로, 난방은 보통 XL 배관, 배수구는 PVC 배관으로 전체교체를 권장합니다. 그리고 한샘의 배관 교체 작업 일명 방통작업은 타 업체보다 월등히 비싼 편입니다. 대신 문제가 생겼을 경우, 마루, 도배 등의 작업까지 AS가 확실한 편이라 여기서 RD는 고객에게 두 가지 제안을 할 수 있습니다. 고객 관리를 잘하는 RD는 타 업체 배관교체 비용을 제시해주며 타 업체로 했을때 혹시나 문제가 생겼을 경우엔 마루철거 및 재시공 비용, 도배 비용 등은 해당 업체에게 받아야 한다는 부분을 미리 말해줘야 합니다. 한샘 RD이기에 당연히 한샘 제품을 주로 사용하는 건 맞지만 때에 따라서 융통성이 필요하기도 하여 이런 부분은 사전에 미리 발생될 문제점을 고지해주고 타 업체와 한샘과의 AS 처리 방법에 대해서도 고지해 주며 미리 문서화 해두는 것이 가장 바람직합니다.

올림픽 기자촌 아파트의 경우, 방통 작업은 고객님이 직접 타 업체에게 시공을 맡겼습니다. 직접 사시는 것도 아니고 세를 줄 것이기 때문에 비용이 관건이라고 하셔서 분리해서 시공을 했으며, 이를 문서화로 남겨두었습니다.

그리고 철거 후 발생될 수 있는 추가 비용에 대한 부분도 고지를 해주면 좋습니다.

압구정동에 있는 45년 된 아파트 강마루를 철거하는 일이 있었는데 철거를 하다 보니 바닥에 타일이 더 깔려 있었습니다. 그래서 다시 타일 철거업체를 섭외해야 해서 공정이 하루가 더 추가되는 일이 있었습니다.

다른 사례의 경우는 욕실이 UBR로 되어 있는 걸 확인하고 철거를 진행하다 보니 UBR 욕실과 벽 사이가 뚫려있어 벽을 새로 만들고 미장 후 방수작업을 했던 경우도 있습니다.

실측을 가도 철거 이후의 현장 상황에 따라 변동될 수 있다고 미리 고지해 두는 것도 고객님과 관계를 잘 풀어가는 일입니다.

설비

• 거실이나 방 확장 시

확장 시 고객님들이 가장 걱정하는 게 단열입니다. 주위에서 확장을 했는데 집이 좀 춥더라 라는 말들을 많이 듣기도 하셨고, 하자 공사에서 눈에 보이지 않는 부분에서 기존 업체들이 문제를 일으킨 부분들이 많았기 때문입니다.

저희는 한샘 규정을 잘 설명해 주기만 하면 됩니다. 한샘은 열반사 단열재, 아이소핑크, 각재, 석고보드 2p를 기본으로 한다고 말씀 드리면 됩니다. 고객님께는 이렇게 말합니다. "고객님 확장 공사 때 오셔서 직접 보셔도 됩니다. 혹시나 못 오신다고 하면 제가 각 과정을 사진 찍어 보내 드릴게요 그리고 문제가 생겼다면 뜯어보면 됩니다. 뜯으면 어떤 자재로 어떻게 시공되었는지 다 알 수가 있어요" 자신 있게 설명해 드리면 됩니다.

• **방수작업을 새로 할 때**

발코니나 욕실 바닥을 철거할 때 충격으로 인해 기존 방수층이 깨지는 경우가 있습니다. 이런 경우는, 기존 방수층, 몰탈면, 콘크리트 면까지 깔끔하게 철거 이후 1차 액체 방수, 2차 도막 방수로 새로 해야합니다. 그래서 고객님께 견적을 산출할 때 이 부분에도 사전 고지해야 합니다. 제품에 따라 비용이 너무 달라지기 때문에 잘 설명해 주는 것이 중요합니다. 고뫄스 방수를 시공하는 경우에는 모서리와 배관 위주로 작업을 합니다. 전체 방수를 실시하는 경우에는 타일 작업 시 타일이 탈락될 가능성이 크기 때문입니다. 고뫄스로 전체 방수를 실시하는 경우에는 비흡수면 프라이머 혹은 규사를 뿌리는 작업이 필수입니다.

전체 방수하기 좋은 제품은 아덱스사의 WPM003, 아쿠아 디펜스, 에코 디펜스 제품인데 이 비용에 대해 잘 설명해 주고 고지해 주는 것이 좋습니다. 가끔 고객님께서 기존 방수작업에 대한 안 좋은 경험이나 주변 사람의 말만 듣고 의심을 하는 경우가 있습니다. 사전

공정에 대한 내용을 숙지 후, 정확하게 이야기 해주는 것이 중요합니다.

• 욕실 배수가 바닥배수에서 P트랩 전환

욕실 실측 시 중요한 점인데 세면대가 긴다리 세면대로 되어 있는 경우, 요즘은 P트랩 전환으로 교체한다고 설명해 드리면 됩니다. 그러나 간혹 아주 오래된 빌라의 경우, 벽 배수가 하는 곳에 배수관이 지나가는 경우 P트랩 전환이 안되는 경우도 있어요. 이 부분을 잘 설명해 주는 것도 중요합니다.

• 오수관, 우수관 배관 작업시

한샘에선 오수관, 우수관 작업을 이동하거나 이음, 절단, 연결, 타공 하는 작업을 하지 않습니다. 우수관을 뚫어서 에어컨 드레인관을 연결하거나 세탁기 드레인관도 연결작업을 하지 않습니다. 간혹 고객님들께서 인터넷에서 시공 사례를 보시고선 오수관을 이동했다 거나, 세탁기 관을 연결한 사례들이 있다면서 해달라고 요청하시는 경우가 있지만 이 부분은 절대 불가능하다고 고지해야 합니다.

이로 인행 발생되는 문제점들이 큽니다. 기존 오수관을 두고 화장실 변기의 방향을 살짝 바꿀 수는 있지만 이동은 어렵다고 고지해 줘야 합니다.

전기

요즘 간접조명을 기본으로 하고 특히 천장에 메인 등 대신 매입 등을 하는 경우가 대부분입니다. 고객님과 먼저 전체적인 집안에 대한 조도를 확인하는 것이 기본입니다. 공간마다 조도를 달리하는게 요즘 트렌드이다 보니 주광색, 주백색, 전구색의 범위를 기본적으로 필수로 정해야 합니다. 전기 작업은 추후에 수정이 정말 어렵기 때문에 목공 전, 도배 전엔 무조건 이중 체크가 필수입니다.

• 전기공사시 분전함 교체 및 전기 승압여부 필수확인

인테리어 공사를 하지 않은 아파트의 전기분전함을 필수로 확인해야 합니다. 간혹 고객님이 큰돈 안 들인다고 전기비용을 안 쓰고 싶다고 하는 경우도 많습니다. 그럴땐 고객님을 설득해서 전기 기사님께 한번 더 확인해야 한다고 말하는 게 좋습니다. 예전 분전함엔 누전 차단기가 없는 경우도 많고 오래되어 피복이 벗겨진 전선 등이 있는지 확인해야 하며 전기 승압 여부가 필요한지도 꼭 확인해야 합니다. 보통 인테리어 하면서 가전제품들을 바꾸는 경우가 많기 때문에 분전함 교체를 하지 않으면 나중에 차단기가 내려가는 경우가 발생하기 때문입니다. 예전에 노원구의 아파트를 공사하는데 고객님이 인테리어 비용에 여유가 없다고 하셔서 분전함 교체에 대해 말씀드렸음에도 불구하고 안하신다고 하셨습니다. 그래서 분전함 교체는 안한 상태로 공사마감을 하였습니다. 공사가 너무 잘 되었다며 후기도 잘 써주시고 주위에 소개도 많이 하겠다는 고객님이셨습니다. 공사 직후가 무더운 8월 여름이었습니다. 입주하시고 나서 에어컨을 가동하는데 자꾸 전기가 내려가니 공사가 잘못된 게 아니냐고 항의하셔서 난감했던 적이 있습니다. 결국 고객님께 추가 비용 받아 분전함 교체 작업을 하였습니다. 이건 분명 고객님 잘못이지만 RD 탓으로 돌아왔고 다시 이 부분을 잘 설명을 드렸지만 서로 불편한 상황이 되는 것을 경험했기에 이 이후로는 전기공사에 대해 이 사례를 들어 꼭 말씀을 드립니다. 인테리어 공사도 하나의 서비스이기 때문에 다른 곳 공사가 다 잘 되었더라도 하나에서 문제가 생기면 전체적인 평가가 내려가기 때문에 꼭 확인하는 것이 정말 중요합니다.

그리고 간접조명이 들어가는 부분을 미리 확인하여 전기작업 시 전기 배선 작업을 할 수 있도록 하여야 합니다. 보통 공사 초반에 전기선 작업을 하고 조명 시공은 도배 이후, 현장 마감 때 하는 경우가 많은데 주방 상부장 하단에 간접조명을 시공하는 경우엔 주방 시공날 미리 간접조명을 준비해 두는 것도 방법입니다.

그리고 깔끔한 마감을 위해 청소기, 로봇청소기 자리 배선, TV나 음향기기 배선 작업, 고객님의 라이프스타일에 맞는 가전에 대한 전기 작업도 미리 체크하여 꼼꼼히 작업지시를 하는 것은 정말 중요합니다.

목공

목공 공사에서 중요한 점은 주방 설치 시 주방 앞부분으로 몰딩을 두르는지 미리 고객과 사전에 협의를 해야 합니다. 보통 안 두르기도 하는데 주방 앞부분으로 몰딩을 전체 통일감 있게 원하는 고객님도 계시기에 그런 부분을 확인해야 합니다.

그리고 가벽 설치 시 가벽의 두께를 정확히 사전에 고지해 줘야 합니다. 그리고 특히 방에 창호를 이중창으로 교체하는 경우, 단열을 하게 되기 때문에 벽 두께도 두꺼워집니다. 그래서 사전에 방에 놓으려는 가구, 가전 등의 사이즈를 확인해서 서로 사전에 협의가 되어야 합니다.

• 벽체와 천장 목마감시

기존 벽면이 고르지 못하여 깔끔한 도배 마감 혹은 도장을 하는 경우 깔끔한 마감을 위하여 목마감을 하는 경우, 보통 벽면은 2p, 천장은 1p로 마감 시공을 합니다.

보통은 석고보드나 MDF로 마감을 하는데 혹시나 고객이 벽면에 선반을 설치한다고 할 경우에 합판 사용을 고지해야 합니다. 합판 사용을 안 하면 선반이 달리지 않거나 책등 무거운 것들을 놓을 수 없게 됩니다.

이 부분이 협의가 안되면 추후에 문제가 생길 수 있으니 사전에 협의하는 것이 중요합니다.

• 우수관 목마감하는 경우

인테리어 공사를 하면 방 베란다 확장을 하거나, 거실 베란다 확장을 하면 기존 우수관이 실내로 드러오게 될 경우 목공으로 마감을 하게 되는 경우가 있습니다. 이 땐 꼭 점검구를 최소 1개 이상 설치하거나 탈착식의 벽체를 세워 점검이 가능하도록 해야 합니다. 이 부분을 놓치는 경우가 많습니다.

이를 작업지시서에 꼭 명시해야 합니다. 소장님이 있더라도 여러 작업자가 있고 현장이 여러 개다 보면 가장 기본적인 부분도 놓치는 경우가 많기 때문입니다. 보통 탈착식보다는 점검구를 설치하는 걸 권장하고 있습니다.

그리고 베란다에 있는 우수관이 노출되는 경우 막아 달라는 고객님이 계시지만 막는 걸 한샘에선 하고 있지 않습니다. 대신 이 부분은 별도 구입할 수 있는 우수관 커버로 막는걸 알려 드리면 됩니다.

• 난방구간 단열재 시공할 때

확장을 할 때 고객님들이 가장 걱정하고 있는 부분에 대해 RD가 이론적으로나 실무 경험으로 많이 알고 있으면 고객들의 신뢰로 이어지는 부분입니다.

단열을 위하여 검토 가능한 기준은 국토교통부의 '공동주택 결로방지를 위한 상세도 가이드라인, '건축물의 에너지 절약 설계 기준 해설서'와 LH 공사의 설계지침을 보면 됩니다. 하지만 위의 모든 기준을 적용하면 실내로 단열재가 20cm이상 튀어나와 공간이 줄어들기 때문에 오히려 집이 더 좁아지는 경우가 발생되고 바닥과 벽도 턱이 생기게 되어 불편합니다. 그래서 한샘에서는 이 방법을 적용하고 있습니다. 단열을 할 때 아이소핑크나 수성연질폼 중 선택해서 사용합니다. 천장 높이가 많이 높거나 단열해야 하는 공간이 넓다면 수성연질폼과 섞어 사용하는 것이 합리적입니다. 그리고 아이소핑크의 이음매사이도 일반 테이프가 아닌 방습 테이프를 부착합니다. 각 열반사 단열재들의 간격은 15mm가 넘어가지 않도록 시공하며, 그 이상이 되면 꼭 단열재로 반드시 채워야 합니다. 이 부분을 자세히 작업지시서에 적어 놓아야 놓치는 경우가 없습니다. RD가 직접 현장에 가지 못하는 경우엔 시공기사님께 꼭 사진으로 남겨 달라고 요청드려야 합니다.

• **확장부 거실 창호 하단 목마감하는 경우**

거실 확장을 해서 새로 창호를 맞추면 창호 간격이 앞으로 더 튀어나오게 됩니다. 이때 창호 하단은 MDF가 아닌 합판으로 꼭 해야 합니다. MDF로 하게 되면 변형의 우려가 있기 때문입니다. 확장부 거실창호 하단을 조적사춤으로 마감한 경우에는 9T 합판, 미장으로 마감된 경우에는 3T 합판으로 마감해야 합니다. 추후 창호 처짐이 발생할 수 있기 때문에 조적과 미장의 방식으로 미장 마감하는 게 가장 효과적입니다.

그리고 BF 두께가 40% 이상이 실내로 튀어나오게 될 경우에는 창호팀에 이야기해서 철물 브라켓 시공을 해달라고 요청해야 합니다. 목자재만으로 창호를 지지하면 휠 수가 있기 때문에 철물 브라켓 시공을 하며 그 사이로 습기가 실내로 들어올 수 있기 때문에 실리콘 작업도 필수로 해야 합니다.

도장

보통 도장의 범위는 페인트칠과 세탁실, 베란다실 탄성코트 혹은 세라믹 코트를 칠하는 경우입니다. 페인트칠을 하는 경우는 페인트의 특성상 여러 번 덧칠해야 하므로 작업 기간이 더 걸리는 점을 고지를 해줘야 합니다.

그리고 세탁실, 베란다실 탄성코트에 대해선 공간에 대해서 이야기를 해줘야 합니다. 간혹 같은 아파트라도 2년 정도의 연차가 차이가 날 뿐인데 유난히 추운 아파트가 있기도 합니다. 통상 탄성코트 혹은 세라믹 코트를 바르는 이유는 결로를 방지하고 곰팡이를 방지하는 이유로 하긴 하는데 사실 이 작업만으론 완벽하지 않습니다.

국토교통부 하자 판정 기준 해설서엔 비난방공간과 외기 사이에 단열재가 20mm이상 설치되어 있음에도 비난방공간의 벽체, 천정, 바닥에 결로가 발생한 경우에는 입주자의 유지관리 과실로 보고 하자가 아닌 것으로 판단한 사례가 있기에 이 부분을 사전에 잘 고지해 줘야 차후에 문제가 안 생깁니다.

- **전체 실내도장하는 경우**

고객님과 상담을 하다 보면 비용이 많이 들어도 전체 실내 페인트칠을 원하는 고객님이 계십니다. 그럴 경우 정확한 공정 방법과 비용을 안내해 줘야 합니다. 일단 깔끔한 마감을 위해선 목공 작업이 필수입니다. 보통 벽면은 2P, 천장은 1P MDF 마감을 해야 하며 벽면 2P로 작업을 할 때는 각 이음매 사이를 엇갈려 시공을 해야 합니다. 페인트칠의 품질을 높이기 위해선 아래와 같은 사전 작업은 필수입니다.
- 메쉬 테이프 후 줄퍼티,올퍼티
- 전체 샌딩 작업
- 코너 공간 수성 실리콘 작업

- MDF, 석고보드, 합판의 경우 프라이머 도장 2회 작업

페인트칠은 퀄리티가 정말 중요하고 사전작업과 기사님의 숙련도가 전체 품질을 좌우하기 때문에 정확한 견적비용을 내어 추후 역마진 나지 않도록 해당 공정에 대한 이해는 필수입니다.

마루

마루는 부분 공사일 때 알아 두어야 할 부분이 있습니다. 부분 공사일 경우 기존 마루와의 이색, 단차에 대한 고지를 해주어야 합니다. 또 마루는 교체하는 데 도어를 교체하지 않는 경우 단차에 대해서도 확인을 해야 합니다. 그리고 간혹 마루 위에 장판을 덧방을 하는 경우도 있는데 이럴 때도 단차 확인은 필수입니다. 방이 3개가 있는 집에 방 2개는 열리는데 다른 방 1개는 열리지 않는 경우도 있어 방마다 단차 확인은 필수입니다. 그리고 이 때 걸레받이의 색상도 확인해 주어야 합니다. 도배 색 혹은 마루 색에 맞출지 미리 체크하는 것이 고객의 만족도를 높이는 부분입니다.

그리고 전체 공사 시에 20년 이상 아파트의 경우 샌딩 작업이 별도로 필요할 수도 있다고 사전에 알려주는 것이 중요합니다.

⋮⋮⋮ 도배

도배의 경우 고객에게 합지와 실크벽지의 차이를 정확히 알려주는 것이 좋습니다. 또 실크벽지 안에서도 민무늬인 페인트 벽지와 무늬 벽지의 차이에 대해서도 알려주는 것이 좋습니다. 목공 마감을 하지 않은 경우, 두꺼운 실크벽지로 해야 시공 후 마감이 가장 깔끔하게 나오기 때문입니다.

간혹 도배에 대해 예민하신 부분들이 있어 도배 마감상태에 대해 고지를 하는 편이 좋습니다. 목공 마감이 안된 기존 오래된 아파트의 벽들이 대체로 휘어졌거나 울퉁불퉁하기 때문입니다. 도배를 천장 몰딩, 걸레받이에 태우는 경우 그 끝이 대체로 일정하나 완벽히 일자이지 않는다는 점을 고지해 주고 있습니다. 그리고 벽 코너 마감 상태에 대해서도 미리 알려주면 한결 낫습니다.

• 도배 시공시 걸레받이 선 시공 후와 후 시공의 장단점

걸레받이를 선시공 하고 도배를 시공하면 실리콘이 들어가지 않아 마감이 고급스럽습니다. 그리고 도배가 걸레받이 상단에 올라 타므로 실리콘 변색의 우려도 없어 깔끔합니다. 다만 후공정으로 인해 걸레받이가 손상되는 경우가 있어 시공 후 관리가 필요합니다.

도배를 먼저 시공하고 걸레받이를 후 시공하게 될 때의 장점은 도배의 하단이 걸레받이에 가려지기 때문에 풀자국 등이 거의 남지 않아 깔끔합니다. 게다가 공정이 끝나갈 무렵 시공하기 때문에 걸레받이 유지관리에 편합니다. 보통 마루 시공할 때 걸레받이가 같이 시공되기 때문에 조금 더 저렴하고 보수가 간편합니다. 그렇지만 단점은 도배와 걸레받이 마감부가 실리콘으로 마감되기 때문에 추후 실리콘 변색이 발생될 수 있습니다. 그리고 벽면의 상태가 휘어 있다면 걸레받이가 휘거나 그로 인해 실리콘의 두께 차이가 발생하게 됩니다. 신축 아파트의 경우에도 벽면이 휘어있는 사례가 있기 때문에 이 부분을 고지해줘야 합니다. 신축 아파트 같은 거실 벽면이래도 실리콘의 두께가 달라지는 경우가 있었기 때문입니다.

바스

한샘은 타일 바스, 판넬 바스 이렇게 두 가지로 시공이 됩니다. 판넬 바스+휴플로어 조합을 선택하는 경우에는 미리 휴플로어는 타일 위에 덧방이기 때문에 타일 자국이 살짝 티가 날 수 있는 점과 반려동물을 키우시는 경우 강아지 오줌이 휴플로어에 묻으면 안 된다는 이야기를 해 줍니다. 그럼에도 휴플로어만의 장점이 있기 때문에 선택하는 고객님도 계시기에 미리 이야기를 해주면 추후 고객 불만족으로 가지 않습니다.

타일 바스의 경우 졸리컷 방식을 선호하시는 경우가 있습니다. 600각 대형 타일로 해야 가능하다고 설명해 주시면 좋습니다. 고객의 요청에 의해 300각 타일로 졸리컷을 시도해 본 적이 있습니다. 결국 그 부분이 깨져서 추가 공사를 했어야 했습니다.

그리고 600각 대형 타일을 선호하시는 경우, 욕실은 기본 철거가 아닌 전체 철거 후, 타일 부착을 해야 한다는 점도 고지를 해야 합니다.

그리고 진행할 때 놓치는 부분이 슬리퍼 단차의 고지입니다. 바닥 덧방 시공을 하는 경우, 기존 현장의 구조적인 문제로 슬리퍼 최소 단차 6cm가 안 나오는 경우가 있습니다. 이 부분에 대한 불편한 부분을 미리 고객에게 고지하여 협의를 하는 것이 중요합니다. 불편함을 감수하고 사용하는 고객님이 계시는가 반면 그 부분을 불편해해서 기존에 했던 의사결정을 철회하고 바꾸는 고객님도 있기 때문입니다.

주방

주방 설계 시 중요한 점은 온수분배기의 위치, 콘센트 위치, 후드 배관을 필수로 확인하는 일입니다. 그리고 최대한 조리 공간 옆에 바로 벽이 오지 않도록 여유 있게 설계하는 점도 중요하고 특히 냉장고장을 짜는 경우, 슬림핏 냉장고가 아닌 기존 대형 냉장고장의 경우 좌우 폭을 확보해서 설계하는 것이 중요합니다. 오픈된 공간이면 괜찮은데 벽이 있는 경우 좁게 설계하면 냉장고 문이 다 열리지 않을 수도 있기 때문입니다.

• 벽장 설계 시 주의 할 점

한샘에서 나오는 벽장의 규격을 숙지하여 조명계획을 맞추어야 합니다. 기존 벽장이 오래되어 작은 경우, 한샘의 신규장이 도어를 오픈하였을 때 조명과 걸리지 않게 설계가 되어야 하기 때문입니다.

그리고 한샘에서 운영하는 벽장 타입에 대해서 높이에 대해 잘 알고 있어야합니다. 손잡이 타입의 경우 도어의 높이는 508, 636, 764, 플랩장의 경우 380입니다. 찬넬타입의 경우는 480, 668, 796, 플랩장의경우 412로 차이가 있습니다. 그리고 더 예쁜 주방디자인 마감을 위해선 비규격 발주도 가능 합니다. 따라서 비규격 제품 설계 및 발주 방법에 대해서 잘 알고 있어야 합니다.

• 기존 주방에서 주방이 연장되는 경우

주방을 철거하였을 때 기존 마루 마감이 안되어 있는 경우가 종종 있습니다. 전체 철거 일 경우에는 이를 미리 확인할 수 있지만 주방만 변경하게 되는 경우엔 놓치는 경우가 있습니다. 그래서 꼭 걸레받이를 분리해서 하부 마감 여부를 체크해야 합니다.

수납

수납은 기사님한테 보내는 시방서를 미리 고객님에게도 확인해 주면 됩니다. 수납장의 폭, 구성을 미리 확인해서 불만족이 없도록 합니다. 그리고 천장에 있는 화재감지기, 스프링쿨러, 커튼박스 쪽 마감 등의 위치도 미리 확인하여 설계하여야 합니다. TV장을 설치시 기존 콘센트의 위치, 랜선, 아파트 CATV 케이블선도 필수로 확인하는 것이 좋습니다.

입주청소

입주청소는 은근히 고객의 불만족이 많이 나타나는 부분이 있습니다. 공사 중에 쌓여있던 먼지를 완벽히 제거하는 것이 어렵기 때문에 고객님께 입주청소의 상태도 꼭 미리 고지해 드립니다. 사는 집에 청소도우미를 불러서 청소하는 그런 상태가 아닌 공사 후의 먼지를 제거하는 수준이기 때문에 입주청소가 끝난 후 며칠 지나서 보면 바닥이나 걸레받이에 잔 먼지가 있다고 미리 말씀드리는 편이 좋습니다.

현장마감

RD의 일 중에서 가장 중요한 건 현장 마감날이라고 생각합니다. 물론 각 공정이 끝날 때마다 수시로 체크하지만 입주청소가 끝난 후, 현장을 하나하나 보면서 고객에게 인계하는 날은 가장 중요한 날입니다. 이 날 마무리를 잘해야 고객님도 기분 좋게 잔금을 줄 수 있습니다.

먼저 현관에서부터 하나씩 설명해 드립니다. 간접조명 여부, 장의 규격 등 고객님과 상담하면서 진행했던 부분들이 잘 시공이 되었는지 점검해 줍니다. 전기 배선도 체크해 줍니다.

작업하면서 어려웠던 부분들, 현장의 특성 등에 대해 자세히 설명해 주고 또한 고객의 궁금점이 있다면 직접 들어 그 자리에서 해결해 주는게 가장 좋습니다. 만약 그 자리에서 해결이 안되는 부분이 있다면 기간을 정해 언제 AS가 될 수 있을지 날짜도 협의해서 마무리 하는 게 가장 좋습니다.

현장에서 문제가 생겼을 때 대응방법

인테리어 프로젝트는 많은 변수와 복잡한 과정을 포함하고 있기 때문에 현장에서 문제가 발생할 수 있습니다. 중요한 것은 이러한 문제를 신속하고 효과적으로 해결하는 것입니다. 다음은 현장에서 문제가 생겼을 때의 대응 방법입니다.

첫째, 문제 인식과 신속한 대응 : 현장에서 문제가 발생하면 우선 그 문제를 정확히 인식하는 것이 중요합니다. 문제의 원인과 영향을 신속하게 파악하고, 문제의 크기와 범위를 평가합니다. 문제를 인식한 즉시, 지체 없이 대응을 시작해야 합니다.

보통 문제가 생기는 경우 RD가 발주를 잘못해서 자재 부족으로 인해 시공이 안되는 경우, 기사님이 실수하는 경우, 현장 상황 때문에 시공이 안되는 경우가 있기에 어떤 점이 문제인지 빠르게 파악하는 게 중요합니다.

둘째, 현장 방문 : 문제가 발생한 현장을 즉시 방문합니다. 현장을 직접 확인하고, 문제가 발생한 부분을 꼼꼼히 조사합니다. 현장 점검을 통해 문제의 정확한 원인과 위치를 파악할 수 있습니다. 현장 자체의 원인이든, 시공 기사님이나 RD의 잘못으로 발생한 문제이든 최대한 빨리 가야 고객과의 마찰을 막을 수 있습니다.

셋째, 기사님, PM, TR님과의 소통 : 문제를 해결하기 위해 관련자들과 즉시 소통합니다. 문제 해결에 필요한 모든 관련자와 협력하여 신속하게 정보를 공유하고, 해결 방안을 모색합니다. 소통이 원활하게 이루어지면 문제 해결이 더 빠르고 효율적으로 진행됩니다.

넷째, 긴급 대책 마련 : 문제의 긴급성을 고려하여 즉각적인 대응책을 마련합니다. 예를 들어, 자재가 부족한 경우에는 즉시 추가 주문을 하거나, 대체 자재를 찾습니다. 시공 오류가 발생한 경우에는 시공팀과 협력하여 신속하게 수정 작업을 시작합니다.

다섯째, 대안 제시 : 문제의 근본적인 해결을 위해 여러 가지 대안을 제시합니다. 각각의 대안에 대해 장·단점을 설명하고, 최적의 해결책을 선택합니다. 고객과의 협의를 통해 최선의 대안을 결정하고,

이를 실행합니다.

여섯째, 재발 방지 대책 마련 : 문제가 해결된 후에는 유사한 문제가 다시 발생하지 않도록 재발 방지 대책을 마련합니다. 문제의 원인을 분석하고, 개선할 점을 찾습니다. 이를 통해 향후 프로젝트에서 같은 문제가 발생하지 않도록 예방할 수 있습니다.

일곱째, RD 교육과 공유 : 문제 해결 후, 같은 일을 하는 RD 들과 문제 발생 원인과 해결 과정을 공유하고, 이를 통해 얻은 교훈을 교육합니다. RD 들과 비슷한 문제를 사전에 예방하고, 발생 시 신속하게 대응할 수 있도록 지식을 공유하는 것이 중요합니다.

여덟째, 정서적 관리 : 현장에서 문제가 발생하면 스트레스가 커질 수 있습니다. 어떤 RD의 경우 이를 참지 못해 잠수를 탄 적이 있었습니다. 그런 경우는 문제가 더욱 커질 수 밖에 없습니다. 해결 안되는 문제는 없기에 고객과의 우호적 관계를 위해, 성공적인 공사 마무리를 위해 적극적으로 소통하고, 문제 해결에 집중할 수 있는 환경을 조성하는 것이 중요합니다.

현장에서 문제가 발생하는 것은 피할 수 없는 일입니다. 중요한 것은 문제를 어떻게 신속하고 효과적으로 해결하느냐입니다. 철저한 준비와 신속한 대응, 그리고 원활한 소통을 통해 문제를 해결하고, 고객의 만족도를 높이는 것이 RD로서의 중요한 역할입니다.

04

잘하는 RD들의 영업 비법 노트 6가지

2023년 서울 용산 디자인파크, 고양 스타필드, 2024년 수원과 하남에서 일 잘하는 이대훈 RD와 이지영 RD, 두 명의 베스트 RD가 보여준 뛰어난 6가지 영업전략에 대해서 소개하고자 합니다. 2023년 3월, 용산점에서 3등, 불과 한 달 만에 4월에 1등한 이대훈 RD, 그리고 5월에는 용산점에서 5등을 차지하며 이어서 2024년, 수원에서 베스트 RD로 선정되며 그들의 능력을 다시 한번 입증했습니다. 하남 디자인파크 이지영 RD도 뛰어난 성과로 베스트 RD의 자리에 올랐습니다. 이 두 RD가 공유하는 성공의 비법을 여섯 가지 주제로 나누어 소개합니다.

첫 만남의 어필
: 3초간의 자신감 있는 웃는 눈빛 전달

계약을 잘하는 RD는 고객님과의 첫 만남도 중요하게 생각합니다. 고객님을 처음 만났을 때 본인들만의 자신감 있는 눈빛을 전달합니다.

고객님도 인테리어를 문의하기 위한 첫 만남이 분명 어색하고 낯설 것입니다. 고객님보다 더 많이 하는 인테리어 전문가로서의 자신감을 보여주는 것은 중요한 일이라고 생각합니다.

사람에게 기 (氣)라는 것이 있습니다. 언어적 행동이 아닌 시각적 언어, 행동적 언어로 그 사람의 기가 어떤지 알 수 있다고도 합니다.

고객과 만나는 그 순간, 그 시간만큼은 내가 누구보다도 인테리어 전문가라는 자신 있는 모습을 보여주는 건 정말 중요합니다.

고객을 응대했을 때 같은 말을 하는 것임에도 불구하고 어떤 날은 감정이 다운되어 말도 좀 버벅거리게 되고 자신감이 약할 때가 있습니다. 그런 날 고객을 만나게 되면, 가벼운 실측으로도 이어지지 않고 고객에게 휘둘리게 되는 상황이 발생됩니다.

그리고 진행하고 있던 현장에 문제가 발생되고, 디자인파크에서 접객을 열심히 했는데도 전체 공사 현장이 없고 단품 공사만 이어질 때 고객에게 말 거는 것조차 어려울 때가 있었습니다.

게다가 그때 응대했던 고객이 인터넷에서 얻은 여러 정보들을 보여주며 저보다 더 많이 알고 있다는 듯한 태도를 대하니 기분이 정말 좋지 않았고, 순간 일하기 싫은 마음이 올라왔습니다.

그때 잠시 밖에 나가 마인드 컨트롤을 하고 오늘 제가 해야 할 목표를 다시 설정하고 상황에 휘둘리지 않기로 했습니다. 먼저 제 자신이 웃자라고 생각했습니다. '나는 어떤 공사든 완벽하게 해낼 자신이 있다', '아무리 고객이 저보다 더 안다고 해도 나보단 많이 알 수 없다, 설사 그렇더라도 난 현장을 완벽하게 해낼 수 있다' 라고 되뇌이면서 자신감을 올리기로 했습니다. 그리고 자신감 있게 미소를 지으면서 실제 마음이 좋아지도록 노력했습니다. 그리고 나서 새로운 고객을 접객했을 때 65평짜리 전체공사를 계약하게 되었습니다.

데일카네기 책에서도 사람을 호감을 얻는 6가지 방법 중에 하나는 웃어라 라는 내용이 있습니다. 고객님을 첫 대면했을 때, 상담 중간에 웃는 모습은 호감도를 200% 높이게 됩니다.

미팅시 자신의 표정과 태도, 눈빛을 점검하며 긍정적인 인상이 되도록 노력합니다. 첫 만남에서의 자신감 있는 웃는 눈빛은 고객에게 앞에 있는 RD가 전문성을 갖춘 인테리어 전문가임을 인식시키는데 크게 기여하기 때문입니다.

특별한 자기 소개 멘트
: 여러 RD들 중 내가 특별한 이유

고객님들이 인테리어를 시작하려고 할 때 인테리어 업체의 비율이 동네 인테리어 업체, 타 브랜드의 인테리어 업체, 개인 인테리어 회사이며 높은 비율로 아직까지는 한샘에서의 비중이 좀 더 높은 편입니다. 고객님들은 인테리어를 시작하게 되면 가장 먼저 쇼룸을 보러 갑니다. 한샘이라는 브랜드를 정했을 때에도 서울의 경우 용산, 영등포, 고양, 마포, 잠실 등 전시된 쇼룸의 내용이 차이가 나기 때문에 여러 군데 가보는 경우가 많습니다.

그렇기에 초반에 고객님과 대면하게 되었을 때 여러 RD 중 내가 특별한 이유에 대해 어필하는 게 가장 중요합니다. 초기에 상담을 하게 되면 고객님이 불안해 하는 정보들이 있습니다.

어떤 분은 단열에 대해 고민하고, 어떤 분은 주방이 너무 좁아 넓어 보이는 디자인을 신경 쓰는 경우가 많습니다. 그럼 그 부분을 어필하는 것이 가장 좋습니다.

예를 들어 주방 디자인을 고민하는 분에게는 "고객님 저는 주방 디자인을 제일 잘해요, 우리나라 10, 20년차 아파트, 집 구조상 주방 디자인이 보통은 다 그렇게 되어 있어요. 저는 주방에서 요리를 잘 해먹기 때문에 고객님의 생활동선을 파악해서 가장 예쁘게, 넓어보이게 디자인할 수 있어요" 라고 어필하는 게 좋습니다. 단열이나 확장의 시공적인 문제에 대해 고민하는 고객님에게는 "고객님 사실 문제가 생겼을 경우에 뜯어보면 다 나와요 제대로 시공했는지, 안 했는지, 한샘은 이럴 것 대비해서 산업안전보건법에 따른 정석적인 방식으로만 시공합니다. 그리고 제가 단열, 확장을 하는 경우 미리 작업지시서를 꼼꼼히 작성하고 또 시공 전에 기사님과 조율을 최대로 해서 잘하기 때문에 이 부분은 걱정 안하셔도 되요" 라는 식으로 어필하는 거죠

그리고 첫 대면이 끝나면 당일에 카톡이나 문자로 명함, 시공사례, 포트폴리오 등을 정리해서 미리 남기는 것도 방법입니다. 종이 명함으로만 주게 되면 명함을 잊어버리기 쉬워 고객님이 찾지 못하는 경우도 있기 때문입니다.

이렇게 여러 RD 중 본인이 가진 특별한 점을 강조함으로써 고객님

의 불안을 해소하고 RD 자신이 제공할 수 있는 가치와 서비스의 차별성을 명확히 전달하는 것은 고객에게 강력한 인상을 남길 것입니다.

가장 멋진 인테리어 디자인 제안

모든 인테리어 디자인에는 스토리가 있습니다.

RD는 영업이 기본이긴 하지만 리하우스 디자이너이고 집 공간에 대해 예쁜 디자인을 가장 잘 하는 것은 사실 기본이기에 이 부분은 시공사례 등을 자주 보면서 습득하는 것 밖에 방법이 없습니다. 아파트를 고치는 고객의 경우, 해당 아파트의 평형별 시공 사례를 먼저 다 찾아보고, 고객님이 원하시는 디자인 스타일을 찾아 2차 미팅때 멋지게 표현하는게 중요합니다.

단지 디자인 전 후의 느낌만 제안하는게 아니라 인테리어에 스토리를 담는 거죠. 구해줘 홈즈라는 TV 프로그램에서도 집을 소개할 땐

기존에 있던 주방 분합창 및 가벽 철거 후, 더 넓어진 주방 디자인

부제를 달아서 소개합니다. 그러면 사람들의 머릿속에 쉽게 각인이 되는 부분이 있죠.

작년 2023년 때는 한샘 디자인파크에서 전반적으로 리모델링을 하면서 디자인 업체와 제휴해 심리스 하우스 디자인 기법을 적용했다고 하였습니다. 그런 부분을 십분 활용하는 것도 중요합니다. 연예인들이나 보통 경제적으로 여유가 있는 사람은 인테리어 디자인 회사에 디자인비를 별도로 주고 시공하는 경우도 있습니다. "한샘에선 디자인비를 받지 않습니다. 한샘 자체에서 디자인 회사와 협력하여 미리 이렇게 선을 강조하는 심리스 하우스 디자인을 진행했어요 그러니 얼마나 더 경제적으로 인테리어 하시는 거에요" 라고 어필을 해주는 거죠.

심리스 하우스 디자인 (Seamless Hose Design) : 무봉재 공법이라는 뜻으로 이음새가 없이 하나로 이어져 있는 선을 강조하는 하우스 디자인 기법.

실제로 한샘과 타사 인테리어 업체를 비교 견적하는 고객님이 계셨는데 최종적으로 한샘으로 선택하셨어요. " 한샘이 좀 더 비싸지만 디자인이 마음에 들어서 선택했어요" 라고 하신 고객님의 경우 결국은 가격보다 디자인을 중요시했던 것입니다.

또 다른 경우에는 전세를 주는 집과 본인이 살 집 2곳에 대해 인테리

고객의 취향을 반영한 거실 디자인

어 문의를 하신 고객님이 계셨습니다. 제가 먼저 제안할 때 전세를 주는 집은 살기에 불편하지 않을 정도의 합리적인 금액으로 인테리어 하시고 대신 직접 살 집은 라이프 스타일에 맞게 디자인 하는게 어떠시냐면서 두 가지 버전의 디자인을 준비했습니다. 이 때 디자인 미팅만 3번을 했었습니다. 고객님께서 전세를 주는 집의 디자인과 합리적인 금액에 만족하셨고, 고객님이 직접 살 집에 대해선 예산을 8천만원을 생각하고 있다고 하셨습니다. 저는 8천만원짜리 디자인과 1억 4천만원 예산의 디자인 이렇게 두 가지를 준비했는데 결국은 1억 4천만원 디자인을 선택하셨습니다. 본인이 준비했던 예산을 훌쩍 뛰어 넘었지만 집 디자인에 만족을 하시다 보니 마음이 열려 이왕 인테리어 하는 것에 대해 더 돈을 쓰고자 하셨던 것입니다.

이렇듯 집 디자인에 대해서 최선을 다해서 준비하고 이를 제안서에 잘 담는 것이 중요합니다. 제안서엔 꼭 현재 집 사진과 바뀔 집 이미지를 담는 것이 고객으로 하여금 시각적인 느낌을 극대화할 수 있습니다.

< 인테리어 디자인 제안 사례 1 >

LIVING ROOM

* 고객 요청사항 : 천장평탄화, 시스템에어컨, 책장

Before

After

SECRET NOTE OF REHAUS DESIGNER

〈 인테리어 디자인 제안 사례 2 〉

KITCHEN
* 고객 요청사항 : ㄷ자 주방에 전면 오픈을 통한 개방감있는 주방 / 타일로 고급스러움 UP

Before

After

〈 인테리어 디자인 제안 사례 3 〉

BATH

Before

After

DESIGN POINT

* 상부장 하부 간접조명으로 은은함 UP
* 스위치 분리로 조명분리
* 타일과 같은 색상의 메지라인 사용
* 누오보 제품으로 고급스러움 UP
* 대림 일체형 양변기 시공
* 기존 젠다이 라인 채사용 (선반형)

고객만족으로 이어지는
작업지시서 작성 노하우

고객님에게 미팅을 하면서 신뢰를 주는 방법으로 작업지시서를 보여 주는 겁니다. 아직 계약을 하지 못한 신입 RD의 경우도 선배 RD에게 도움을 요청하거나 담당 TR님에게 자료를 요청해서 받은 자료로 보여 줍니다. 실제로 시공 전에 작업지시서를 작성하여 고객님과 맞춰보는 건 굉장히 중요합니다. 사실 이건 파일로만 전달하는 것보다는 고객님과 대면하여 직접 하나하나 짚어가면서 맞춰보는 것이 가장 좋습니다.

1차 미팅, 2차 디자인 미팅 및 계약 단계에서 고객님이 말한 부분들이 정리되지 않은 상태로 시공이 되면 나중에 문제가 되기 마련이에요. 그래서 여러 미팅을 통해 종합적으로 나눈 이야기를 정리하는

LIST < 기본 공사 >

〈 기본공사 작업지시서 〉

거라며 고객님에게 인지시켜 주면서 확인을 하는 과정입니다. 사실 이 단계에서 고객에게 양해를 구하고 녹음을 하는 것도 중요합니다.

LIST < 스타일 공사 >

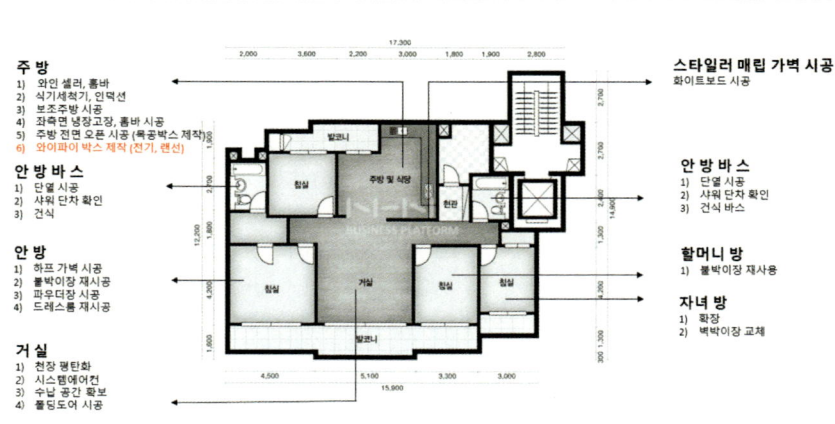

〈 스타일 공사 작업지시서 1 〉

〈 스타일 공사 작업지시서 2 〉

고객님에게 "나중에 제가 헷갈릴까봐 녹음해서 나중에 들어보려고 하는데 괜찮으실까요?"하며 미리 양해를 구하는 거죠

작업지시서 때 논의해야 하는 부분은 아래에 간단히 정리해 두었습니다.

∷ 철거

철거해야 하는 부분을 도면상 정확하게 표시해 두는 것입니다. 전체 철거의 경우는 크게 신경을 쓸 부분이 없는데 부분 철거의 경우에는 정말 중요합니다. 그리고 고객님의 인덕션 사용 여부에 따라 도시가스 철거 여부도 정리해 두는 게 좋습니다.

커튼, 마루, 걸레받이, 천장 몰딩, 조명 등 재 사용하는 부분이 있다면 구체적으로 적어야 합니다.

전기

도배 전에 꼭 미리 끝내 놓아야 하는 게 전기작업입니다. 천장을 노출 조명 없이 매입 등으로 바꾸는 경우, 천장에 타공이 생기기 때문에 이 부분에 대한 수량 논의, 새로 콘센트 증설이나 이설이 필요한 경우를 꼭 여쭤봐서 이를 기재해 두는 게 좋습니다.

전기공사의 경우, 가전 전압에 맞춘 승압 체크, 간접 조명 디자인적 체크, 생활 편의에 맞춘 콘센트 이설이나 증설 등의 내용을 꼼꼼히 살펴보는 것이 중요합니다. 간혹 인테리어 비용을 아낀다고 전기공사에 비용을 쓰지 않으려는 고객님이 계셨습니다. 나중에 공사가 완성되고 나서 이 부분을 불만족으로 느끼는 고객님이 계셨습니다. 그러기에 인테리어 실제 사례 등을 보여 주면서 고객님을 설득하는 것도 RD의 중요한 역할입니다.

SECRET NOTE OF REHAUS DESIGNER

〈 주방 작업지시서 〉

⁑ 주방

먼저 고객님의 보유 가전 리스트를 파악합니다. 인테리어 이후에 새로 구입하는 가전이 있는지를 확인해서 그 가전에 맞는 디자인이 선행되어야 합니다. 특히 냉장고의 경우, 키친 핏을 선호하시는 경우가 많긴 하지만 그래도 용량과 좁은 주방 때문에 기존 큰 냉장고를 사용하는 경우도 있기에 이 부분도 미리 짚어가면 전문가적인 모습도 보여주기에도 좋습니다. 요즘 주방 가전으로 에어 프라이기, 멀티 오븐기, 토스터기, 식기세척기가 필수 가전으로 늘어나고 있는 추세라 이 가전들이 놓일 공간도 미리 확보하는 게 중요합니다.

〈 바스공사 작업지시서 〉

∷ 바스

타일의 경우, 타일 번호와 타일 방향을 미리 기재합니다. 욕실에서 쓰는 악세사리의 종류와 대략적인 위치도 정합니다. 의외로 수건 걸이, 샤워수전의 높이 , 휴지 걸이 등 악세사리의 위치 때문에 불만족이 생기기도 합니다. 주로 욕실을 이용하는 고객님들의 키를 사전에 물어보고 중간에서 조율하는 것이 중요합니다.

⋯ 샷시

샷시를 새로 교체하는 경우 요즘 샷시는 기본 폭이 넓습니다. 이로 인해 단열도 하면서 벽체 목공 작업을 추가해야 하는 경우가 있습니다. 이때 기존 벽보다 튀어나오는 예상 사이즈를 미리 기재해 놓는 것이 중요합니다. 간혹 방의 경우, 기존 방에 있던 가구가 들어가지 않는 경우도 있기 때문입니다.

더블 바인드 기법
: 계약 성공율을 높이는 가장 기본적인 방법

영업 업계에서 더블 바인드 기법은 정말 꼭 알아야 할 중요한 방법인데요

거절을 거절한다는 것입니다. 고객에게 아니오 라는 말을 듣지 않게 노력하는 기법인데요. 모든 대화를 긍정적인 화법으로 유도하는 게 중요합니다.

고객님과 다음 미팅 시간이 아직 정해지지 않은 상태에서도 이렇게 말하는 거죠 "고객님 다음 미팅은 실측하고 나서 디자인 보면서 미팅하는게 좋은데 평일이 편하세요 아님 주말이 편하세요?"라는 식으로 그다음 미팅도 당연히 연달아서 하는 느낌을 주도록 말하는

겁니다.

이때 고객님이 주말이 좋다고 하면 "전 토요일이 좋습니다" 라는 식으로 구체적으로 날짜를 정할 수 있도록 유도하는 거예요.

미국의 전설적인 세일즈맨으로 유명한 '조 지라드' 역시 더블 바인드 기법을 적극적으로 활용해 영업왕이 되었는데요. '조 지라드'가 사용했던 화법은 고객님이 매장에 오면 어떤 차를 찾으세요? 라고 추상적으로 물어보는 것이 아니라 빨간 차와 파란 차 중 어떤 걸 원하세요? 라고 물어 보았다고 합니다.

이 기법의 핵심은 고객의 결정을 줄여 나가면서 자연스레 계약서에 사인할 수 있게 하는 것입니다.

고객들에게도 여러 유형이 있기에 고객 스스로 본인이 선택하는 걸 선호하는 고객님도 있지만 대다수의 고객님들은 선택을 줄여주길 희망합니다.

"고객님 대부분의 고객님들은 마루를 선택할 때 강마루와 장판을 많이 하세요 각 장단점이 이러한데 강마루와 장판 중 어떤 걸 하시겠어요" 라고 여러 바닥재 중 가장 많이 하는 바닥재로 추천을 해주는 겁니다. 거기에 본인의 의견도 덧붙이는 거죠 "전 강마루 중에서 한샘 마블 강마루가 더 좋더라구요" 라면서요 실제로 용산 디자인파크에 처음 신축 아파트 인테리어를 알아보러 오신 고객에게 쇼룸에 대해 설명을 해주면서 자연스레 "그럼 신축 아파트 사전 점검은 몇 월이겠네요, 사전 점검때 미리 저희 등록해 주시면 같이 보시면 더 좋아요" 라는 멘트로 사전점검 날짜를 알아서 약속 잡고 초반에는 주방만 교체하려고 하였는데 결국 30평대 신축 아파트를 창호, 현관장, 샷시, 화장실 제외 주방, 마루, 도배, 수납 등으로 4천만원에 계약을 한 사례도 있습니다.

더블 바인드 기법은 또한 다음과 같은 방식으로도 활용될 수 있습니다:

1. 제품 선택 : "고객님, 이 주방 디자인과 주방 디자인 중 어떤 게 마음에 드세요?"처럼 두 가지 선택지를 제시하여 고객이 선택할 수 있게 합니다.

2. 서비스 제공 : "고객님, 이번 달에 진행할 특별 프로모션을 이용하시겠어요? 아니면 다음 달 새로운 프로모션을 기다리시겠어요?"와 같이 질문합니다.

3. 견적 제시 : "고객님, 이 견적을 기준으로 진행할까요, 아니면 다른 옵션을 추가해 보시겠어요?"라고 물어봅니다.

4. 상담 일정 : "고객님, 다음 주 화요일 오전 10시와 오후 2시 중 어떤 시간이 좋으세요?"라고 물어봅니다.

이 기법은 고객이 느끼는 부담을 줄이고, 자연스럽게 선택을 유도함으로써 영업 성공률을 높이는 데 매우 효과적입니다. 고객이 자신의 결정을 스스로 내렸다고 느끼게 하면서도, 사실상 영업 담당자가 원하는 방향으로 유도하는 것이 이 기법의 핵심입니다.

더블 바인드 기법은 영업 전략 중에서도 매우 강력한 도구입니다. 이를 통해 고객과의 긍정적인 관계를 형성하고, 자연스럽게 계약을 성사시키는 데 큰 도움이 됩니다. 이 기법을 잘 활용하면 고객의 만족도를 높이고, 영업 목표를 효과적으로 달성할 수 있습니다.

현장 마감의 중요성
: RD의 업무 중 가장 중요한 일

한샘 베스트 RD인 이대훈 RD와 이지영 RD는 현장 마감은 RD의 업무 중 가장 중요한 일이라고 말했습니다. 현장 마감은 보통 잔금을 받는 날이기 때문에 미리 고객에게 알려주는 게 좋습니다. "입주청소 후 그날 현장 마감할 거에요. 미리 잔금도 준비 부탁드려요" 라고 말합니다.

현장 마감 때 고객과 커뮤니케이션이 잘 돼야 고객의 만족도가 높아 후기도 잘 써주거나, 시공팀의 평가도 좋게 나옵니다.

현장 마감 때 해야 할 일은 일단 공간 하나하나 설명해 주면서 어떻게 마무리되었는지를 알려줍니다. 보통 인테리어를 하는 고객님들은 대부분이 중간 중간 자주 와서 집이 바뀌어 가는 과정을 관심 있어 하기에 일반적인 사실을 잘 알고 있습니다. 그렇지만 전문가적인 입장에서 집에 대해 설명을 해주는 것입니다. 예를 들어 40평대 노원에 있는 삼익 아파트는 지은지 30년이 되어가는 아파트로 꼭대기 층 벽체가 살짝 기울어져 있었어요 그래서 그 부분을 이렇게 설명해 주었습니다 "고객님 이쪽 벽체가 살짝 휘어져 있어요 그래서 창호를 설치할 때 이격이 생겨 문선으로 이렇게 몰딩 마감을 했습니다. 이 방에 커튼을 다신다고 했기에 문선 부분이 도드라져 보이지는 않을 꺼에요" 라고 말하는 거죠. 물론 현장 시공 중에 이미 벽체가 살짝 휘어져 있는건 발견했고, 발견 즉시 고객님에게 사전 고지를 한 상태였습니다. 이미 어떻게 마감할 거라는 것도 고객님에게 설명을 드린 상태지만 현장점검 때 다시 한번 친절하게 설명을 해줌으로써 고객님의 신뢰도가 높아집니다.

그리고 보통 노후된 아파트를 인테리어를 하게 되면 전기 승압 공사를 하거나 혹은 타공, 추가 간접 등 설치 등이 있기 때문에 기존의 조명 스위치가 다르게 되는 경우가 많습니다.

이 부분을 공간마다 고객님 앞에서 스위치를 하나하나 눌러보면 확인시켜 주는 작업도 굉장히 중요합니다. 보통 주방, 화장실의 경우 요즘 간접 등을 설치하기에 3구 스위치를 많이 하는 형태라 그 부분도 이렇게 설명해 줍니다 "고객님 메인 등, 간접 등, 환풍기 이렇게

3구 스위치로 바꿔 놓았습니다. 간접 등은 밤에 화장실 가실 때 눈이 부시지 않아서 더 편하실 거예요 신축 아파트 보다 더 이쁘고 좋게 간접 등 설치를 해 놓았으니 확인 부탁드려요" 라고 말하면 고객님의 표정이 달라집니다.

현장 마감 때 가장 많이 발견되는 하자는 도배와 마루입니다. 보통 주방, 수납을 시공하기 전에 도배와 마루 작업이 먼저 선행되다 보니 아무리 벽체 보양 작업을 하고 바닥 보양 작업을 해도 벽지에 때가 타 있거나, 뜯겨 있는 작업이 있을 수 있고, 바닥도 찍혀 있는 자국이 있을 수도 있습니다. 그런 부분들을 고객님이 오시기 1시간 전쯤 미리 와서 다 확인 후, 고객님이 발견하기 전에 미리 고지해 주는 방법도 좋습니다 "고객님 이런 부분들이 수정이 되어야 할 것 같아요. 시공팀에게 조심해 달라고 부탁드렸는데 아무래도 사람이 하는 일이다 보니 이렇게 되었네요 제가 시공팀에 확인해서 몇월 며칠까지 작업 마무리될 수 있도록 하겠습니다" 라고 말을 미리 하는 것과 아닌 것의 차이는 매우 큽니다. 고객님에겐 고객님 본인 집에 대해 정말 많은 신경을 썼고 세심하게 검토했구나 하는 이미지를 주기 때문입니다.

또한, 현장 마감 시 고객이 쉽게 놓칠 수 있는 세부 사항들을 꼼꼼히 점검하고 설명해 주는 것도 중요합니다. 예를 들어, "고객님, 이곳은 기존의 구조 때문에 벽체에 약간의 불규칙성이 있습니다. 이를 최소

화하기 위해 이렇게 처리했습니다. 혹시 불편하신 점이 있으면 언제든지 말씀해 주세요."와 같은 세심한 설명은 고객의 만족도를 높이고 신뢰를 강화하는 데 큰 도움이 됩니다.

현장 마감은 단순히 작업을 끝내는 것이 아니라, 고객과의 마지막 소통 과정이기도 합니다. 이 과정을 통해 고객은 RD의 전문성과 세심함을 느끼게 되며, 이는 이후의 추천이나 재계약으로 이어질 수 있습니다. 따라서 현장 마감을 철저히 준비하고, 세심하게 진행하는 것이 중요합니다.

05

멘탈 관리하는 사람이 승자

아침 7시에 걸려오는 전화를 즐겁게 받기

RD 교육을 받고 처음 계약을 해서 인테리어 현장을 진행하게 되면 너무 즐겁고 설레어서 기사님들이 아침 일찍 전화 주는 것도 긴장하며 기쁘게 받게 됩니다. 그러나 시간이 지나고 계약을 잘하게 되어서 한 달에 3개 이상의 현장이 돌아가는 경우, 아침 일찍 전화가 3통 이상 오게 되면 저절로 한숨이 쉬어집니다. 업무 특성상 평일에 쉬게 되는 경우가 있는데 평일에 일을 하다 보니 쉬는 날 같지 않은 날이 되어 버립니다. 아니면 현장 다 끝나고 쉬면 될 수도 있는데 3개 이상의 현장이 동시에 끝나지 않는 이상 그러다 보면 휴무 없이 몇 달을 일하게 되는데 그럼 너무 지쳐버릴 수도 있습니다.

아침 7시에 걸려오는 전화를 즐겁게 받으려면 몇 가지 전략을 세우는 것이 중요합니다.

첫째, 사전 준비 철저히 하기 : 아침에 걸려오는 전화가 그저 기사님이 현장에 도착했다는 알림 내용만 될 수 있게 미리 체크해 놓는 것이 중요합니다. 이를 위해 전날 밤에 다음 날의 모든 현장 준비를 철저히 하고, 필요한 자재가 모두 현장에 도착했는지, 작업 계획이 명확한지 확인합니다.

둘째, 문제 예측 및 예방 : 아침에 자재가 모자라거나 문제가 발생했다는 전화를 몇 번 받았던 경우, 아침에 걸려오는 전화가 유쾌하지 않을 수 있습니다. 이러한 문제를 예방하기 위해 평소에 자재와 일정 관리를 철저히 하고, 예상되는 문제를 미리 파악하여 해결해 놓는 것이 중요합니다. 이를 통해 아침 전화를 받는 스트레스를 줄일 수 있습니다.

셋째, 초심을 기억하기 : 초심을 생각하는 것도 중요합니다. 현장이 있다는 것은 추가 수입이 생길 수 있다는 긍정적인 의미를 가지며, 그 전화 한 통으로 발생되는 문제도 미리 체크할 수 있습니다. 아침에 기사님들과 통화하는 전화 한 통의 가치는 그 이상입니다. 현장이 완료된 이후에 문제를 해결하는 것보다는 공정이 시작되기 전에 문제를 체크하고 해결하는 것이 비용 면에서도 훨씬 더 경제적일 수 있기에 이 두 가지를 마음에 새긴 채 전화를 받는다면 전화를 이른 아침에 받는 기분이 달라질 수 있을 것입니다.

넷째, 긍정적인 마음가짐 유지하기 : 아침 전화를 즐겁게 받기 위해서는 긍정적인 마음가짐을 유지하는 것이 중요합니다. 전화를 받을 때마다 긍정적인 자세를 취하고, 문제가 생기더라도 해결할 수 있다는 자신감을 가지면 스트레스를 줄일 수 있습니다. "이 전화가 나에게 새로운 기회를 줄 수 있다"라는 긍정적인 생각을 가지는 것도 도움이 됩니다.

다섯째, 효율적인 시간 관리 : 평소에 시간을 효율적으로 관리하여 업무와 개인 시간을 균형 있게 배분하는 것이 중요합니다. 아침 일찍 전화가 오더라도 개인 시간을 충분히 확보하고, 휴식을 취할 수 있도록 계획을 세우는 것이 좋습니다. 이를 통해 일과 생활의 균형을 유지할 수 있습니다.

아침 7시에 걸려오는 전화를 즐겁게 받기 위해서는 철저한 사전 준비와 긍정적인 마인드 셋, 효율적인 시간 관리가 필요합니다. 이를 통해 전화를 받는 것이 부담이 아닌 기쁨이 되도록 만들어, RD 로서의 업무를 더욱 효과적으로 수행할 수 있습니다.

왜 멘탈이 나가는가

사실 공사 전부터 공사 마감까지 고객과의 관계가 원활하고 매끄러우면 멘탈이 나간다는 표현을 쓸 일은 없을 것입니다. 멘탈이란 말은 마음, 정신을 가리키는 말이죠. 이 멘탈을 평상시에도 우리가 잘 관리하면 좋겠지만 아무리 알고 있던 상황이라도 막상 본인이 겪게 되면 이성적인 사고는 무너지고 감정적으로 받아들이게 됩니다.

이는 사람마다 느끼는 감정선이 상황에 따라 다르겠지만 보통은 불편하고 속이 상하는 감정이 여러 번 지속되면 뇌는 피곤함을 느끼고 세로토닌 분비를 억제시키게 됩니다. 세로토닌은 감정을 관리하는 건데 감정이 상하게 되면 큰 상실감을 느끼게 됩니다.

좋은 마음으로 고객을 위해서 시공해 준 부분이 원망으로 돌아올 때, 잘못 발주해서 고객과 시공기사에게 죄송하다고 하며 양해를 구하는 과정이 반복되었을 때, 때마침 지쳐 있을 때 새로운 고객과의 관계에서 냉소적인 반응을 얻었을 때, 공사하는 기간 동안 RD가 고객과의 커뮤니케이션을 아무 문제 없이 잘 끌어와서 고객만족이 있는 상황인데 시공팀이 잘못한 경우, 이러한 과정이 반복될 때 갑자기 멘탈이 무너지게 됩니다. 특히 이런 부분은 RD를 시작한 초반에 느낄 수 있게 됩니다.

실제로 저희 대리점에 근무했던 직원들도 이런 과정을 겪었습니다. 초반엔 얼른 고객과 계약해 인테리어 디자인을 하고 작업지시서도 정성스레 작성을 하고 싶어 합니다. 그러나 막상 그렇게 바라던 계약을 하게 되었을 때 고객과의 관계가 틀어지거나 시공기사님하고 트러블이 발생된 경우, 멘탈이 나가면 우울하고 불안한 감정이 지속되는 상황인데 사실 이건 정상입니다. 감정을 담당하는 뇌의 변연계와 전두피질이 영향을 받았기에 안 좋은 상황에서 우울하고 불안함을 느끼도록 되어 있기 때문입니다. 실제 멘탈이 나가면 이런 여러 증상이 있습니다.

잠을 너무 많이 자거나 잠을 잘 못 자는 경우, 심장이 너무 뛰다 못해 숨쉬기 힘든 경우 등입니다. 정말 생활 전반이 우울하고 아무것도 할 수가 없고 전화 벨소리만 들어도 심장이 두근거리고 받기 싫다는 생각만 들게 됩니다.

사실 이렇게 멘탈이 나가는 경우도 현장이 있고 계약이 있었기에 느끼는 경우입니다. 긍정적으로 생각하면 그 순간 고객이 나를 믿고 선택했기에 계약을 할 수 있던 초기를 생각하고 이를 해결해 나가려고 하면 됩니다. 사실 해결이 안 되는 문제는 없습니다. 고객님이 양해해 주고 다시 시공 날짜를 잡는다면 해결이 됩니다. 이 부분은 대리점 사장님, 담당 TR, 팀장님에게 연락해서 같이 해결해 가는 방법이 있습니다.

갑자기 의욕이 상실되었을 때

살다 보면 번아웃을 겪을 때가 있죠. 한자어로 소진(燒盡)이라고 쓰이기도 하는데요. 어떤 직무를 맡는 도중에 극심한 육체적, 정신적 피로를 느껴 더 이상 일을 하기 싫어지게 만들죠.

처음에 하고 싶었던 일이라 열심히 하고자 하는 의욕과 열망이 과다하다가 점점 일에 대해 지치는 순간이 옵니다. 특히 RD는 사람을 만나서 하나부터 열까지 설명을 하고 상담을 해야 하는 업무라 번아웃이 오면 걷잡을 수 없이 뒤떨어지곤 합니다. 전화 소리만 들어도 심장이 두근거리고 매일 10개, 20개씩 쌓이게 되는 채팅방도 보기가 싫어지죠.

내가 생각했던 RD 업무가 생각보다 더 힘들게 여겨지고 내가 생각했던 업무에 대한 기대 수준이 맞지 않다고 여겨질 때 특히 더 번아웃이 오게 됩니다.

요즘 사람들은 MBTI 유형으로 이야기하곤 하는데 실제 업무에서도 차이가 나긴 합니다. ESTJ, ISTJ, ESTP, ISTP의 사람들이 보통 좀 더 안 좋은 상황에 직면했을 때, 더 빨리 해결해 나오는 능력이 좀 더 있는 것 같아요. 실제 그 유형의 사람들에게 물어보면, 문제가 안 좋아졌을 때 그 문제로 인해 발생되는 2차, 3차적인 문제까지 예상을 해서 마음의 준비를 한다고 합니다.

ENFP, INFP, ENFJ, INFJ의 사람들은 한번 번아웃이 오면 나아지기까지 시간이 걸립니다. 단, 여기서 주의해야 할 부분은 이 유형의 사람들은 공감을 잘해서 고객들하고의 초기 소통은 잘 된다는 특징이 있습니다. 좀 더 고객의 상황에 맞춰 공감을 해주다가 나중에 그게 맞지 않을 때 걷잡아질 수 없게 되는 거죠.

특히, 홈 인테리어 디자이너로서의 업무는 고객과의 지속적인 소통, 다양한 문제 해결, 창의적인 디자인 작업 등 여러 가지를 동시에 해내야 하는 일이기에 더욱 그렇습니다. RD로서 갑자기 의욕이 상실되었을 때, 이를 극복하는 몇 가지 방법을 소개합니다.

첫째, 의욕 상실의 원인을 파악하는 것이 중요합니다. 보통 의욕이 상실되는 이유는 과도한 스트레스, 지나친 업무량, 반복되는 실패, 그리고 성취감 부족 등 다양한 원인이 있을 수 있습니다. 이 원인을 명확히 인식하는 것만으로도 절반은 해결한 셈입니다. 원인을 파악하고 나면, 그에 맞는 해결책을 찾기가 더 쉬워집니다.

둘째, 작은 목표를 설정하고 하나씩 성취해 나가는 것이 도움이 됩니다. 큰 목표는 때때로 부담스럽게 느껴질 수 있습니다. 하지만 작은 목표를 설정하고 이를 하나씩 이루어 나가면 성취감을 느끼며 점차 의욕을 회복할 수 있습니다. 예를 들어, 오늘 하루는 고객에게 전화를 걸어 인테리어 진행 상황을 업데이트한다는 작은 목표를 설정해 보는 것입니다. 계약이 잘 안될 때, '나는 먼저 접객이라도 1등해서 고객 후보를 단단히 해두자' 라는 것도 좋은 목표 설정입니다.

셋째, 휴식을 취하는 것도 필요합니다. 때로는 일을 잠시 내려놓고 충분한 휴식을 취하는 것이 의욕을 되찾는 데 큰 도움이 됩니다. 짧은 여행을 다녀오거나, 좋아하는 취미활동을 하며 마음을 쉬게 하는 것이 좋습니다. 이를 통해 다시 에너지를 충전할 수 있습니다.

넷째, 멘토나 동료와의 대화를 통해 조언을 구하는 것도 좋은 방법입니다. 같은 일을 하는 사람들과의 대화는 큰 위로가 될 수 있으며, 그들의 조언과 경험을 통해 새로운 동기부여를 받을 수 있습니다. 혼자 고민하기보다는 주변 사람들과의 소통을 통해 해결책을 찾는 것이 중요합니다.

다섯째, 긍정적인 마인드 셋을 유지하는 것이 필요합니다. 실패나 어려운 상황을 부정적으로만 바라보지 말고, 그것을 통해 배울 수 있는 점을 찾는 것이 중요합니다. 모든 경험은 성장의 기회가 될 수 있습니다. 긍정적인 생각을 유지하려 노력하며, 작은 성과에도 감사하는 마음을 가지는 것이 좋습니다. 특히 RD의 일은 능숙해지면 능숙해 질수록 어디서든 일을 잘하게 될 수 있습니다. 사람들 앞에서 말을 하는 능력, 컴퓨터를 다루는 능력, 사람을 관리하는 능력은 인생에 있어 좋은 경험이기에 나는 이런 일을 잘하고 긍정적으로 생각하는 것이 중요합니다.

여섯째, 자기 관리를 통해 의욕을 유지할 수 있습니다. 규칙적인 운동, 균형 잡힌 식사, 충분한 수면 등 기본적인 생활습관을 잘 유지하는 것이 중요합니다. 이는 신체적 건강뿐 아니라 정신적 건강에도 큰 영향을 미칩니다. 건강한 몸과 마음이 있어야 지속적으로 의욕을 유지할 수 있습니다.

일곱째, 새로운 도전을 통해 다시 한번 의욕을 불러일으킬 수 있습니다. 반복적인 일상에서 벗어나 새로운 프로젝트나 도전에 도전해 보는 것도 좋은 방법입니다. 이는 새로운 자극이 되어 의욕을 되찾는 데 도움이 됩니다.

여덟째, 자기 계발을 위한 노력을 지속해야 합니다. 새로운 지식을 습득하고, 기술을 배우는 것은 자신감과 의욕을 높이는 데 도움이 됩니다. 예를 들어, 새로운 인테리어 트렌드나 디자인 소프트웨어를 배우는 것이 있습니다. 이를 통해 업무의 전문성을 높이고, 더 나은 성과를 낼 수 있습니다.

아홉째, 일과 삶의 균형을 유지하는 것이 중요합니다. 업무에만 몰두하다 보면 쉽게 지치고 의욕을 잃을 수 있습니다. 적절한 휴식과 여가 시간을 가지며, 가족이나 친구와의 시간을 소중히 여기는 것이 좋습니다. 이를 통해 삶의 질을 높이고, 업무에서도 더 좋은 성과를 낼 수 있습니다.

열째, 자기 반성을 통해 개선할 점을 찾아보는 것도 도움이 됩니다. 의욕이 상실된 이유를 돌아보고, 내가 무엇을 잘못했는지, 무엇을 개선해야 하는지 생각해 보는 것입니다. 이를 통해 더 나은 방법을 찾고, 다시 도전할 수 있는 의지를 가지게 됩니다.

마지막으로, RD는 긴 호흡으로 미래를 바라보는 것이 중요합니다. 단기적인 성과에 연연하지 말고, 장기적인 목표와 비전을 가지고 꾸준히 노력하는 것이 필요합니다. 인내와 끈기를 가지고 꾸준히 노력하다 보면, 다시 의욕을 되찾고 성공적인 결과를 얻을 수 있을 것입니다.

이와 같은 방법들을 통해 갑자기 의욕이 상실되었을 때 극복할 수 있습니다. 중요한 것은 자신을 너무 몰아붙이지 않고, 적절한 방법을 통해 자신을 돌보는 것입니다. 이를 통해 다시 한번 열정을 가지고 업무에 임할 수 있을 것입니다.

멘탈관리에 도움되는 스케줄링 방법

현장이 여러 개인 경우, 하루 날 잡고 전체 공정표를 살펴서 스케줄링을 합니다. 비서가 있어 알아서 딱딱 알려주면 좋겠지만 현실은 그렇지 않으니 스케줄 관리 어플을 사용하거나 구글 스프레드시트에 작성해도 좋습니다. 다만 어플을 이용하면 자동 알림이 오기 때문에 외근일 경우, 전화를 많이 받아서 바쁜 경우에 더 유용할 것입니다. 대표적인 스케줄 관리 어플은 타임트리나 구글캘린더가 대표적입니다. 먼저 현장 공정표를 하나씩 입력합니다. 그러고 나서 공정별 납기일을 확인하여 발주해야 하는 날을 체크합니다.

이런 과정만 거쳐도 한결 복잡한 머릿속이 정리가 된다는 것을 느낄 수 있을 것입니다. 그 외에도 고객과 처음 나눴던 상담노트, 자재리

스트, 작업지시서를 보면서 고객이 따로 더 요청한 내용이 있는지, 빠진 내용은 없는지 확인하여 해야 할 TO DO LIST까지 작성합니다. 중요한 업무는 우선순위를 매겨 처리하고, 하루 일과가 끝날 때마다 완료된 항목을 체크해 성취감을 느끼는 것도 중요합니다.

RD는 스케줄 관리에도 능해야 합니다. 고객이 요청한 내용을 해당 공정 안에서 잘 시공될 수 있도록 체크하면 실수할 일이 줄어듭니다. 또한, 예기치 않은 문제 발생 시에도 유연하게 대처할 수 있도록 일정에 여유를 두는 것이 좋습니다. 일주일 단위로 업무를 계획하고 매일 아침 그날의 우선순위를 재검토하는 습관을 가지면 더욱 효과적입니다.

스케줄링은 단순히 일정을 관리하는 것을 넘어, 자신만의 루틴을 만들어 가는 과정입니다. 이렇게 하면 업무에 대한 부담을 줄이고, 보다 체계적으로 일할 수 있습니다. 지속적으로 일정을 검토하고 조정하는 과정을 통해 멘탈 관리를 효과적으로 할 수 있습니다.

내가 이 일을 하는 이유
: 목표설정

홈 인테리어 디자이너로서의 여정은 쉽지 않을 수 있지만, 그만큼 보람찬 일입니다. 내가 이 일을 시작하게 된 이유와 목표를 명확히 설정하는 것은 어려운 순간에도 지속할 수 있는 힘이 됩니다. 첫 번째 목표는 고객의 삶을 변화시키는 것입니다. 인테리어는 단순히 집을 꾸미는 것이 아니라, 고객의 생활 방식을 개선하고, 더 나은 삶을 살 수 있도록 돕는 것입니다. 내가 디자인한 공간에서 고객이 행복을 느낄 때, 그 성취감은 무엇과도 비교할 수 없습니다.

두 번째 목표는 전문성 향상입니다. 이 분야의 전문가로 거듭나기 위해 지속적으로 학습하고 성장하는 것이 중요합니다. 새로운 디자인 트렌드, 자재, 시공 기술 등을 배우고 적용함으로써, 고객에게 최고의 서비스를 제공할 수 있습니다. 이를 통해 나만의 독창적인 스타일과 노하우를 개발하는 것이 궁극적인 목표입니다.

세 번째 목표는 경제적 안정과 성공입니다. RD는 기본 급여 외에도 성과에 따라 인센티브를 받을 수 있는 직업입니다. 성과를 통해 경제적인 여유를 누리며, 내가 원하는 삶을 살아가는 것이 목표입니다. 이를 위해 매월, 매년 목표 매출을 설정하고, 이를 달성하기 위한 구체적인 계획을 세우는 것이 중요합니다.

네 번째 목표는 개인적인 성장을 위한 것입니다. RD로서의 경험을 통해 커뮤니케이션 능력, 문제 해결 능력, 그리고 리더십을 기를 수 있습니다. 이러한 능력은 업무 외에도 삶의 다양한 영역에서 큰 도움이 됩니다. 내가 맡은 프로젝트를 성공적으로 완수하며, 점점 더 자신감 있는 전문가로 성장해 나가는 것이 목표입니다.

다섯 번째 목표는 고객과의 신뢰 관계 구축입니다. 고객의 신뢰를 얻기 위해서는 항상 정직하고 성실하게 업무를 수행해야 합니다. 고객의 요구를 경청하고, 그들의 기대를 뛰어넘는 서비스를 제공함으로써, 신뢰를 쌓아가는 것이 중요합니다. 이를 통해 장기적인 고객 관계를 구축하고, 지속적인 추천과 재계약을 이끌어내는 것이 목표입니다.

마지막으로, 이 일을 하는 이유는 개인적인 성취감과 행복입니다.

RD로서 고객의 꿈을 실현시켜주고, 그 과정에서 나 자신도 성장하며, 보람을 느끼는 것입니다. 어려운 순간에도 내가 설정한 목표를 떠올리며, 꾸준히 노력한다면 분명 성공할 수 있을 것입니다.

또한 대리점 사장님과의 우호적인 관계 설정도 중요합니다. 단순히 직원 마인드로 볼 것이 아니라 훗날 내가 '대리점을 차리게 되었다면' 이라는 목표를 세웠을 때 바라보는 시각이 완전히 다를 것입니다.

이 모든 목표는 나의 비전과 일치하며, 이를 달성하기 위해 매일 조금씩 노력하는 것이 중요합니다. 목표를 이루기 위한 계획을 세우고, 그 계획을 실행해 나가는 과정에서 얻는 성취감은 나를 더욱 강하게 만들 것입니다.

마무리...

지금까지 한샘 베스트 RD였던 이대훈 RD와 이지영 RD의 인테리어 노하우와 함께 인테리어 디자이너 실무자로서 발생하는 문제점과 해결 방안들을 살펴보았습니다. 이 책은 인테리어 디자이너를 꿈꾸는 분들, 특히 비전공자들에게 실질적인 도움이 되도록 구성되었습니다.

한샘 RD의 업무는 단순히 아름다운 디자인을 만드는 것만이 아니라, 인테리어를 원하는 고객의 요구를 정확히 파악하고, 이를 실제로 구현해 내는 복합적인 역할을 포함합니다. 고객 상담, 실측, 디자인 설계, 견적 작성, 시공 감리 등 다양한 업무를 수행하며, 각 단계에서 발생할 수 있는 문제를 신속하고 효과적으로 해결하는 능력이 필요합니다.

첫째, 현장 실측의 중요성과 정확한 실측 방법을 강조하였습니다. 실측은 모든 인테리어 작업의 기초가 되며, 실측의 정확성에 따라 전체 프로젝트의 성공 여부가 달라집니다. 따라서 철저한 준비와 꼼꼼한 측정을 통해 정확한 데이터를 확보하는 것이 중요합니다.

둘째, 현장 방문의 중요성을 다루었습니다. 현장을 자주 방문하여 실시간으로 상황을 파악하고, 시공팀과 원활하게 소통하는 것이 프로젝트의 성공에 필수적입니다. 이를 통해 예상치 못한 문제를 사전에 예방하고, 신속하게 대응할 수 있습니다.

셋째, 고객과의 소통과 신뢰 구축의 중요성을 강조하였습니다. 고객의 요구와 기대를 정확히 이해하고, 이를 충족시키기 위해 노력하는 것이 RD의 중요한 역할입니다. 고객에게 신뢰를 얻기 위해서는 소통이 잘 되는 커뮤니케이션이 필수적입니다.

넷째, 각 공정의 이해와 공정표 작성의 중요성을 다루었습니다. 공정표를 통해 모든 작업이 체계적으로 진행되도록 하고, 각 공정 간의 연계성을 고려하여 효율적인 작업이 이루어지도록 합니다. 공정표 작성 시 유연성을 가지고, 현장 상황에 따라 적절히 조정할 수 있는 능력이 필요합니다.

다섯째, 더블 바인드 기법과 같은 영업 전략을 통해 고객의 결정을 돕고, 계약 성공률을 높이는 방법을 설명하였습니다. 긍정적인 화법과 거절이 없는 선택지를 제시하는 방식으로 고객에게 신뢰를 주고, 스스로 결정을 내리게 함으로써 만족도를 높일 수 있습니다.

여섯째, 현장 마감의 중요성과 이를 통해 고객의 만족도를 높이는 방법을 다루었습니다. 현장 마감은 RD의 최종 과업으로, 세심한 점검과 고객과의 원활한 소통을 통해 최상의 결과를 제공하는 것이 중요합니다.

이 책을 통해 인테리어 디자이너를 꿈꾸는 분들이 실질적인 노하우를 얻고, 현장에서 발생할 수 있는 다양한 문제를 해결하는 능력을 키울 수 있기를 바랍니다. 한샘 RD로서의 경험과 지식을 바탕으로, 성공적인 인테리어 디자이너로 성장하는 데 이 책이 도움이 되기를 기대합니다.

마지막으로, 인테리어 디자이너는 창의성과 기술, 소통 능력을 모두 갖춘 종합 예술가입니다. 고객의 꿈을 현실로 만들어가는 과정에서 겪는 어려움과 보람을 함께 경험하며, 지속적으로 성장해 나가기를 바랍니다. 이 책이 여러분의 여정에 작은 등불이 되기를 바랍니다.

인테리어 비 전공자도 쉽게 따라할 수 있는 방법
한샘 1억 RD 영업비밀노트

인쇄일 2024년 7월 4일
지은이 이효영
펴낸곳 어스뷰 타임즈
이메일 evtimes0204@gmail.com
주　소 서울특별시 용산구 원효로 90길 11, 101동 B203호

ISBN 979-11-987956-3-2

이 자료는 대한민국 **저작권법의 보호**를 받습니다.
작성된 모든 내용의 권리는 작성자에게 있으며, 작성 자의 동의 없는 사용이 금지됩니다.
본 자료의 일부 혹은 전체 내용을 무단으로 복제/배포하거나 2차적 저작물로 재편집하는 경우,
5년 이하의 징역 또는 5천만 원 이하의 벌금과 민사상 손해배상을 청구합니다.